MITOS PAPAIS

Série A Igreja na História
Coordenadores: José D'Assunção Barros, Leila Rodrigues da Silva e Andreia Cristina Lopes Frazão da Silva

– *Papas, imperadores e hereges na Idade Média*
José D'Assunção Barros
– *Mitos papais – Política e imaginação na história*
Leandro Duarte Rust

Dados Internacionais de Catalogação na Publicação (CIP)
(Câmara Brasileira do Livro, SP, Brasil)

Rust, Leandro Duarte
　　Mitos papais : política e imaginação na história / Leandro Duarte Rust. – Petrópolis, RJ : Vozes, 2015. – (Série A Igreja na História)

　　Bibliografia
　　ISBN 978-85-326-4978-2

　　1. Igreja Católica – História 2. Papas 3. Política I. Título. II. Série.

15-00430 　　　　　　　　　　　　　CDD-908.8282

Índices para catálogo sistemático:
1. Igreja : Historiografia　908.8282

Leandro Duarte Rust

MITOS PAPAIS

Política e imaginação na história

EDITORA VOZES

Petrópolis

© 2015, Editora Vozes Ltda.
Rua Frei Luís, 100
25689-900 Petrópolis, RJ
www.vozes.com.br
Brasil

Todos os direitos reservados. Nenhuma parte desta obra poderá ser reproduzida ou transmitida por qualquer forma e/ou quaisquer meios (eletrônico ou mecânico, incluindo fotocópia e gravação) ou arquivada em qualquer sistema ou banco de dados sem permissão escrita da editora.

Diretor editorial
Frei Antônio Moser

Editores
Aline dos Santos Carneiro
José Maria da Silva
Lídio Peretti
Marilac Loraine Oleniki

Secretário executivo
João Batista Kreuch

Editoração: Maria da Conceição B. de Sousa
Diagramação: Victor Mauricio Bello
Capa: Felipe Souza | Aspectos
Ilustração de capa: Der Hl. Papst Pius V verehrt den Gekreuzigten (Tradução livre: "O Santo Papa Pio V adorando o crucificado") – Augustt Kraus (1849-1926)

ISBN 978-85-326-4978-2

Editado conforme o novo acordo ortográfico.

Este livro foi composto e impresso pela Editora Vozes Ltda.

Para meus alunos.

Agradecimentos

Este livro é resultado do curso de extensão "Uma história dos papas: o passado e as mitologias políticas", ministrado na Universidade Federal de Mato Grosso durante o primeiro semestre de 2013. Só depois do início dos encontros para as aulas me dei conta de que o curso transcorreu na mesma época em que completei dez anos de experiência no Ensino Superior. Carregadas deste simbolismo, as páginas a seguir foram gestadas durante tardes aprazíveis, marcadas por debates estimulantes, pela partilha da autêntica curiosidade científica e pelo bom humor. Agradeço aos participantes daquele curso, inspiradores desta pequena obra, e, através deles, a todos os alunos que, através do bom convívio, marcaram minha trajetória acadêmica.

Devo uma menção especial a Leandro Ricon, o grande "culpado" por este livro ter uma chance de se tornar realidade. Agradeço, imensamente, a José D'Assunção Barros, pelo convite e pela maneira paciente e generosa com que partilhou sua farta experiência editorial, aplacando as ansiedades deste autor. A Bruno Álvaro e a Anderson Reis, leitores atentos e críticos francos dos esboços de minhas ideias. Este livro é uma prova material da sorte de poder contar com a generosidade intelectual de dois historiadores de primeira linha, nos quais encontrei bons amigos. Minha gratidão a Robson Rust, João Carlos Duarte e Carla Teixeira pela disponibilidade com que atenderam ao pedido de leitura de um autor inseguro quanto à versão final do texto.

Meu agradecimento a minha equipe de trabalho no *Vivarium*: Alex Simoni, Allan Regis, André Marinho, Carolina Akie, Cassianna dos Santos, Douglas Martins, Jéssika Rodrigues, Joyce Damaris, Kathelline Santos, Larissa Gregório, Natalia Madureira, Pollyana Lima, Tiago Vieira, Rafael Marcos e Vítor Meireles.

A Alice Rust, cuja paciência e cumplicidade são causas diretas de tudo o que faço.

Sumário

Apresentação da coleção, 11
Prefácio, 15
Introdução, 23
1 No princípio era... Pio XII: o papado de Pedro, 33
2 O Cristianismo Primitivo, Constantino e a utopia do público, 75
3 A Reforma Gregoriana ou o mito do Estado involuntário, 111
4 Os Bórgia e a invenção do "Grande Inimigo", 149
5 O silêncio trágico: a disputa pelo papado do século XX, 191
Epílogo, 227
Referências, 235

Apresentação da coleção

Com a Série *A Igreja na História* a Editora Vozes traz a público um projeto que pretende se estender pelos próximos anos, oferecendo ao público-leitor uma série de livros de autores brasileiros que se dedicarão a examinar diversas temáticas relacionadas à história da Igreja e do cristianismo, abordando questões transversais importantes que envolvem os vários atores históricos que participaram e participam desta milenar história, as diversificadas tendências entrevistas no cristianismo, as suas formas de relação com o mundo sociopolítico e com outras formações religiosas, bem como os aspectos culturais, políticos, econômicos e imaginários que se entrecruzam nesta complexa história.

Dedicamos esta coleção a diversos tipos de leitores. Para além de beneficiar o público acadêmico de História, a intenção é trazer uma coleção que, escrita por historiadores, seja também interessante para outros segmentos do saber, como a Teologia, a Sociologia e a Antropologia. Sobretudo, almejamos atingir um público maior, não somente acadêmico, mas interessado em aprofundar conhecimentos sobre o tema a partir de um ponto de vista histórico e historiográfico. Esse empreendimento é precisamente o maior desafio da coleção, uma vez que a intenção é conservar um nível adequado de complexidade, rechaçando o caminho mais fácil das grandes obras de divulgação que por vezes banalizam as discussões históricas e historiográficas, e ao mesmo tempo apresentar as discussões mais complexas em uma linguagem simples, imediatamente compreensível para o grande público, mas que continue captando o interesse do público acadêmico e mais especializado. Integramos este projeto ao grande movimento intelectual que, nas últimas décadas, tem oferecido uma contrapartida ao isolamento dos saberes especializados ao almejar diluir ou mesmo eliminar as fronteiras entre a universidade e a sociedade, sem que para isso seja necessário sacrificar a qualidade do conhecimento.

Os diversos volumes da coleção estarão sempre trazendo uma atenta exposição *histórica* acerca das diversas temáticas examinadas, e cuidando para que esta seja devidamente acompanhada por uma discussão *historiográfica*. Dito de outra forma, apresentamos ao mesmo tempo a história de cada aspecto abordado, e as diversas análises historiográficas que têm sido desenvolvidas pelos historiadores, situando-as com referências bem-estabelecidas e ainda trazendo ao leitor polêmicas que confrontam posições distintas nos meios historiográficos. Desta maneira, a coleção abre um espaço para a diversidade de pontos de vista, permitindo que o próprio leitor se situe em um patamar crítico e se faça sujeito de suas próprias escolhas em relação aos modos de compreender cada assunto examinado.

A coleção abarcará todos os períodos históricos, da Antiguidade aos nossos dias, mas não se estruturará em uma ordem cronológica linear. O caráter aberto da coleção permite que cada novo título revisite transversalmente no tempo certo aspecto da história da Igreja e do cristianismo, ou então que se concentre em determinado período histórico na sua especificidade, mas sempre em uma ordem livre no interior da série, o que permitirá que a coleção prossiga indefinidamente enquanto houver interesse e demanda por novas temáticas a apresentar. Alguns volumes poderão constituir obras de um único autor, e outros poderão concentrar ensaios de autores diversos. As temáticas sempre apresentarão uma amplitude que tornará cada volume atraente para um número maior de interessados, evitando-se nesta coleção o hiperespecialismo e recorte mais específico das teses de doutorado. Em favor de temáticas que sejam relevantes para um número maior de leitores, e igualmente atenta em assegurar a produção de um conhecimento historiográfico que possa efetivamente se socializar para além dos limites estritamente acadêmicos, a coleção *A Igreja na História* inscreve-se neste propósito maior que é o de tratar com consciência histórica as temáticas relacionadas à história da Igreja e da religiosidade.

José D'Assunção Barros
1º de junho de 2012

Prefácio

A coleção *A Igreja na História*, iniciada em 2012 pela Editora Vozes, lança aqui o seu segundo título. Tal como já foi esclarecido no livro de lançamento desta coleção, trata-se de promover a publicação de obras que, além de beneficiar o público acadêmico e mais especializado, possam interessar vivamente leitores que almejem em aprofundar conhecimentos sobre o tema a partir de um ponto de vista histórico e historiográfico. O desafio da coleção, como já se disse, é o de conservar um nível adequado de complexidade e problematizações – rechaçando, portanto, o caminho mais fácil das grandes obras de divulgação que por vezes banalizam as discussões históricas e historiográficas – e ao mesmo tempo apresentar as discussões mais complexas em uma linguagem simples, imediatamente compreensível para o grande público, mas que continue captando o interesse do público acadêmico e mais especializado. A obra que aqui se apresenta, para dar continuidade à coleção, insere-se neste mesmo esforço de diluir efetivamente as fronteiras entre a universidade e a sociedade, sem que para isso seja necessário sacrificar a qualidade do conhecimento.

Leandro Rust, com *Mitos papais – Política e imaginação na história*, oferece-nos uma contribuição ímpar à história da Igreja, da religiosidade cristã, e também à história política. Não se trata de examinar factualmente a história do papado, tarefa já cumprida por obras diversas em vários momentos da história da historiografia, mas sim de problematizar a história do cristianismo para entender como os mitos papais – as histórias e imaginários construídos sobre os papas – adaptaram-se ou mesmo contribuíram para as várias demandas sociais, políticas e culturais de sucessivas eras, além de terem sido reapropriadas por diversas instâncias de poder. Examinar os mitos papais – a sua construção e sucessivas reapropriações, bem como as suas assimilações e as resistências a eles – é uma oportunidade para avaliar questões fundamentais para a história da civilização ocidental, entre as quais a intricada história de relacionamento e interações da Igreja com a dimensão política, entre as quais uma longa história de interações e confrontos entre os poderes religiosos e estatais desde o século IV a.C., quando Constantino, imperador romano, estabelece formalmente esta relação. A durabilidade desta relação, entre outras questões que também são evocadas pelo autor, mostram-nos o extraordinário poder de adaptação da Igreja Católica às sucessivas mudanças no mundo social e político ao longo dos séculos nos quais se consolida a sua permanência histórica.

O primeiro mito examinado por Leandro Rust, em vista disto, não poderia deixar de ser o próprio mito fundador do papado: a ideia de que a fundação da Igreja Católica remonta ao apóstolo Pedro, o que permitia imaginá-lo mesmo como primeiro papa, e de que os próprios ossos deste emblemático apóstolo estariam enterrados sob o Vaticano, sob o altar da Basílica de São Pedro. A reapropriação deste mito por um papado que, estabelecido a partir de 1939, teria de enfrentar a crise da Igreja Católica diante da interferência e mesmo repressão dos regimes totalitários que invadem a cena política no período das guerras mundiais é o objeto de estudo de Rust no primeiro capítulo de seu estudo sobre os mitos papais. O trabalho de reapropriação do mito fundador pelo papado de Pio XII, a partir dos anos de 1950, lança luz sobre um novo contexto de reconstrução europeia no pós-guerra, e também sobre o novo momento em que as novas mídias de comunicação precisam ser instrumentalizadas cada vez mais pelas forças políticas, inclusive o papado. É bastante instigante a leitura desenvolvida pelo autor sobre as tensões produzidas pelas relações do papado com a Modernidade, com o novo contexto comunicacional e televisivo; com o ambiente científico das pesquisas arqueológicas; além das tensões proporcionadas por um universo político no qual se defrontam regimes liberal-democráticos, socialistas e fascistas; e por um contexto de perseguições políticas e de repressões a instituições da Igreja. Por fim, não passam despercebidas as tensões produzidas pelas relações do papado com um imaginário que esperaria da figura papal outros modos de agir políticos que não correspondem necessariamente àqueles que foram e são encaminhados por alguns dos líderes eclesiásticos ao longo de extenso período de permanência da Igreja Católica. Particularmente, e ao lado de todas estas questões, o capítulo narra e problematiza uma história das investigações arqueológicas e argumentações historiográficas promovidas pelo Vaticano em torno da possibilidade de encontrar e atestar a legitimidade das relíquias de Pedro. Desta maneira, aborda-se também, criticamente, o papel da ciência na construção dos mitos que serão utilizados por religiosos e políticos, em uma análise na qual o autor não hesita em empreender a sua própria releitura dos documentos e fontes que têm embasado a possibilidade de trazer uma variedade de tratamentos historiográficos à confirmação ou rejeição das bases reais do mito fundador.

A maneira bem cuidada como é urdido este primeiro capítulo, e cujo modelo é seguido pelos capítulos que o sucedem, revela a preocupação do autor em trabalhar com várias temporalidades entremeadas. Por um lado procede-se a uma revisão historiográfica sobre a construção e reatualização do mito de uma linhagem de regentes eclesiais iniciada por Pedro no antigo Império Romano; por outro lado, o autor procura examinar um tempo presente que já se reapropria deste mito de um novo modo: a época contemporânea de Pio XII. Há também um instigante ir e vir no tempo: sempre que necessário, o autor visita outros períodos para iluminar as diversas hipóteses sobre as relíquias de Pedro, bem como as suas reapropriações. Vale ressaltar ainda que, em relação à análise do contexto contemporâneo, percebe-se, na leitura historiográfica de Leandro Rust, uma visão muito específica do mundo político, cuja decifração deixamos aos leitores deste livro. Seu estilo, também remarcado nos capítulos seguintes, vale-se de um universo de metáforas literárias que também se apresentam como uma marca literária muito específica. O texto flui, entre as preocupações de ser agradável à leitura e de trazer as referências de uma pesquisa científica solidamente encaminhada pelo historiador.

Em seguida, Leandro Rust procede à análise de outros mitos e problemas fulcrais na história da Cristandade. Limitar-nos-emos, para não alongar demais este prefácio, a assinalar algumas destas questões. Sucessivamente, o autor empenha-se em discutir as leituras que evocam a ideia dos desvios ou aproximações em relação a um Cristianismo Primitivo (capítulo 2); a Reforma Gregoriana e seu ambiente de confronto e interação entre Igreja e poderes políticos (capítulo 3), a construção e exacerbação de algumas figuras papais negativas, entre os quais o instigante caso da família italiana dos Bórgia (capítulo 4), e, por fim, uma das questões mais perturbadoras da história contemporânea: o tão aludido "silêncio papal" de Pio XII diante das atrocidades nazistas no período que precede e abarca a Segunda Guerra Mundial (capítulo 5). Cada uma das grandes questões examinadas por Leandro Rust, e as diversas outras questões que se entremeiam em sua complexa análise, são tratadas neste livro como oportunidade para examinar as contradições da Igreja na sua relação com a política e com a sociedade, o seu papel no xadrez das nacionalidades, os problemas decorrentes da institucionalização da Igreja, o papel dos papas como figuras de projeção pública, ou os confrontos entre os vários modelos papais distintos que parecem contraditar o que a população e setores sociais esperam dos líderes religiosos e a maneira como eles realmente agem no mundo político.

Questões como a da expansão histórica do cristianismo no seio de realidades políticas as mais diferenciadas, ou como os limites ambíguos entre ortodoxia e heresia, as utopias do paraíso e a vida apostólica no mundo real, a interação da religiosidade cristã com as estruturas familiares e a esfera doméstica, a imbricação entre a sociabilidade e as práticas de culto, a construção da santificação, a escolha de figuras sagradas e demonização de figuras públicas, a junção ou separação entre Igreja e Estado, as construções e disputas pela memória da Cristandade, entre muitas outras que poderiam ser citadas, são abordadas pelo autor em cada um dos capítulos que aqui se apresentam, todos orientados por uma questão condutora, mas ao mesmo tempo abrindo-se a discussões paralelas igualmente importantes. Com relação ao espaço-tempo, Leandro Rust percorre períodos que vão desde os tempos do Cristianismo Primitivo e do Império Romano ao mundo contemporâneo – passando pela consolidação da Igreja na Idade Média, suas readaptações à Modernidade Renascentista, os cismas e a emergência de novas formas e instituições cristãs, a interação do papado com o período de formação dos estados nacionais, sua convivência com os regimes totalitários e grandes conflitos mundiais, sua reinserção em um mundo contemporâneo de novas mídias e tecnologias que desembocam no mundo globalizado do século XXI. Desta maneira, o leitor terá a oportunidade de mergulhar em uma história que o remontará tanto aos primórdios da Igreja como aos tempos mais recentes, e isto sem seguir uma escrita linear tradicional que produziria a falsa imagem de que a história da Igreja é uma grande linha reta, uma via de mão única.

As fontes históricas utilizadas por Leandro Rust são as mais diversas – das fontes materiais aos editos papais, passando pelas notícias de jornal, revistas politizadas, charges e caricaturas, fontes imagéticas e sonoras, documentação legislativa, correspondências, relatórios científicos, tratados dogmáticos, construções historiográficas, entre outras tantas. O livro vale-se, ainda, de um diálogo historiográfico profundo, tratado com habilidade e estilo, explorando e expondo ao leitor pontos de vista historiográficos diferenciados antes de optar por cada argumentação sustentada pelo autor. Além de trazer ao leitor uma história problematizada do cristianismo e do papado, a obra empenha-se em mostrar a este mesmo leitor como se constrói a historiografia, do ponto de vista dos historiadores profissionais que trataram as temáticas da história da Igreja e das religiosidades. Deste modo, almeja--se, com este livro de Leandro Rust, dar seguimento ao espírito que anima a presente coleção: o de combinar seriedade e aprofundamento científico com um modelo de escrita que possa interessar e ser agradável a tipos diversos de leitores, dos diletantes aos acadêmicos.

José D'Assunção Barros
20 de dezembro de 2014

Introdução

> *Não, a mitologia não é uma mentira; a mitologia é poesia. Já se disse, e bem, que a mitologia é a penúltima verdade.*
> Joseph Campbell, 1987.

Mito ou realidade? Essa pergunta resume uma atitude muito comum entre nós. Em diversas ocasiões, colocamos certas interpretações sobre nossas vidas contra a parede. Nos desagarramos do modo habitual de pensar e começamos a desconfiar de verdades até então coroadas. Surpresos, olhamos à nossa volta e acreditamos que o falso nos rodeia. Passamos então a denunciar: sem saber, lidávamos com o erro! Considerávamos real algo que não passava de aparência, uma poderosa dissimulação criada pela mistura de palavras e crença.

Quando isso ocorre, quando sentimos a vida como engano, sacamos a pergunta que separa as coisas como elas são das simulações que nos tapeiam: mito ou realidade? De um lado, a mentira; do outro, a verdade.

De forma geral, é assim: "mito" é o rótulo que permite identificar a falsificação do real. Uma vez fincada esta palavra, devemos virar nossa atenção para outra direção, pois lá, no sentido oposto, estará a certeza na qual devemos nos agarrar. Não é tarefa fácil. Pois o mito quase sempre tem a seu favor a característica de ser uma versão mais encantadora do que a realidade fria e maçante do dia a dia. Ele impressiona, arrebata, pois apresenta a vida com algo fora do comum, testemunhando que elementos fantásticos já habitaram – ou ainda habitam – a prosa do mundo. O mito faz de nossa existência uma pátria de seres fabulosos e façanhas sobre-humanas. Graças a ele cavalos ganham asas; dragões vagam pelos céus; corações pulsam fora do corpo; a vida eterna jorra em fontes d'água; guerreiros derrotam o impossível; a morte joga xadrez.

Mas é preciso denunciá-lo! Ao menos foi isso o que nos ensinaram. Pois os mitos fraudam nossa compreensão do mundo, roubando parcelas importantíssimas da consciência humana. Enquanto não os desmascararmos, populações inteiras mal saberão o quanto suas escolhas são restringidas; seus comportamentos, manipulados. Mito é a ideia falsa em sua versão mais sedutora. Ele reinou sobre a mente dos homens até a filosofia raiar nos céus da Grécia Antiga. Seu encanto é uma trapaça aplicada à razão. Quando uma sociedade sacia a sede de explicações no cálice de histórias servido pela mitologia, a lógica é enfeitiçada e os modos de raciocinar são paralisados. Com as mentes embriagadas de fantasias, os homens não sabem como as coisas realmente são. Neste caso, resta-lhes viver agarrados a certezas que não passavam de alucinações, de fantasmagorias.

Os mitos seriam, portanto, uma interpretação repleta de forças irracionais. Milênios atrás, muito antes da época de Sócrates e Platão, antes de tomarem posse plena da razão, os homens recorreram ao mito para explicar a origem da vida, do cosmos, o poder do sol e os enigmas do nascimento e da morte. Mitologia é, sob este ponto de vista, uma ingenuidade primitiva: um pensamento simples, pré-lógico, típico de culturas orais, que não dominam a escrita. Para muitos estudiosos, o surgimento da razão representou uma ruptura total com o que existia antes. "Não importa como o batizamos: superstição, mito, falta de lógica. Este é o esquema" (VERNANT, 2002, p. 209; cf. tb. LÉVY-BRUHL, 2008). Antes havia a mitologia.

O mito seria uma vontade de conhecer limitada, domesticada pela ilusão, intoxicada por emoções como o espanto e a fascinação. E assim, por não conseguir traduzir o mundo com argumentos lógicos, essa vontade de conhecer jorrou para fora da consciência como imagens fantásticas, impressionantes, apavorantes. Enquanto a razão dormia, os impulsos humanos ganhavam forma através do mito (DODDS, 1951).

Não neste livro. As páginas a seguir estão imbuídas de outro modo de ver o mito. Aqui ele será encarado como uma fonte de informações relevantes sobre o mundo. Ele não deve ser visto como uma maneira primitiva de pensar ou uma mentalidade característica de povos ancestrais. Mito é um conhecimento derivado de certas experiências sociais e, como tal, um modo de pensar que reforça certezas, negações e, principalmente, interesses. Com frequência, quem acredita em uma narrativa mítica a reconhece como versão desejável de certos acontecimentos. Quem conta ou transmite uma história mitológica a considera, em algum nível, plausível e a incorpora à vida para justificar rotinas e tradições, expectativas e práticas. A força da crença camufla a natureza mítica de uma narrativa, transformando-a em uma lição de como as coisas devem ser.

Antes de ser uma questão sobre verdadeiro ou falso, o mito é uma maneira coletiva de classificar certos valores, atitudes e decisões como convenientes ou prioritários. Debater se os eventos relatados no mito ocorreram ou não é algo importante. Mas não tanto quanto decifrar a lógica de seleção e interpretação dos comportamentos que é inscrita no interior desta narrativa. O mito é uma razão prática à qual recorrem os grupos sociais para justificar e legitimar seus interesses (VEYNE, 1987, p. 29-41).

Um mito extrapola evidências empíricas. Não é raro que a versão mítica das coisas cruze os limites do demonstrável e chegue a um ponto em que a crença termina por abraçar as mais agudas contradições. Reconhecer essa característica, porém, não significa dizer que tudo nele seja deformação, distorção sem fundamento histórico algum. Os relatos míticos que consideramos neste livro não devem ser confundidos com a fantasia gratuita, ou seja, com histórias fabricadas para proporcionar uma experiência de escapar à realidade. Mito é o nome que reservamos para relatos que inspiram um tipo de crença séria, encorajada por critérios rígidos. Não se trata, necessariamente, de narrativas sagradas, fabulosas, repletas de elementos sobrenaturais como seres invisíveis, forças ocultas ou fenômenos bizarros. Mas de mensagens cotidianas, admitidas como verdadeiras mesmo quando contrariadas por demonstrações empíricas. Aceitas porque expressam anseios e justificam interesses.

Essas características são mais visíveis quando lidamos com um mito político. Neste caso, tratamos com uma narrativa que idealiza o passado para legitimar ou desacreditar um regime de poder. Em outras palavras, mitos políticos são leituras de mundo orientadas para um posicionamento nas disputas pelo poder. São narrativas exemplares, que exercem um magnetismo capaz de atrair as consciências para a obediência ou a resistência perante certo modelo de comportamentos. Mitos políticos são perspectivas assumidas sobre a autoridade e a dominação, a resistência e a exclusão, a unidade e a separação. Quando narrativas deste tipo surgem conectadas, circulando em uma mesma época como armas empregadas na luta pelo controle do comportamento coletivo, elas formam uma mitologia política (FLOOD, 2002, p. 41-44). A produção desta, como podemos deduzir, tende a se intensificar durante os contextos de drásticas transformações, quando as disputas acerca do poder são reabertas.

Tal foi o caso protagonizado pelo papado contemporâneo. Entre as décadas de 1870 e 1950, a Igreja Romana atravessou uma fase de profundas transformações políticas. Em meados do século XIX, o pontífice era um monarca sobrevivente do Antigo Regime: ele reinava sobre extenso território, governava uma instituição centralizada, zelava pela rígida separação entre clérigos e laicos, defendia tradições ancestrais contra as temíveis inovações do mundo moderno. Em poucas décadas tudo virou ao avesso. O território foi conquistado e perdido; as reivindicações por uma Igreja colegiada ecoavam dos eclesiásticos; os laicos clamavam por um novo ativismo religioso, protestando por um apostolado próprio; dar as costas à Modernidade e entrincheirar-se na tradição passou a ser uma postura considerada autoritária e inaceitável. O lugar da Santa Sé como instituição política foi drasticamente alterado. Em meio à turbulência das guerras mundiais e crises globais, diferentes grupos políticos foram colocados frente a frente com o desafio de explicar essa inédita realidade: O que causou uma mudança tão radical? A alteração era justa, legítima? Que consequências ela traria? Seriam boas ou ruins? Quem ganhava e quem perdia com o novo lugar ocupado pelo papado no mundo contemporâneo?

Durante todo o período mencionado, diversos grupos tentaram responder ao desafio. Para isso, eles recorreram ao valor pedagógico de temas graves, enraizados no íntimo das identidades coletivas. Muitos destes temas reportavam a passados distantes, que recuavam séculos no tempo. Com o aval da ciência, uma destas narrativas ensinava que a Santa Sé sempre ocupou o centro da civilização cristã, condição que não teria sido alterada pelas recentes transformações. Era o próprio Vaticano quem assegurava: sua importância era muito grandiosa para ser diminuída por reveses políticos. Do alto de seus 2.000 anos, o papado sabia resistir às mudanças. Territórios e governos passavam. Para uma autoridade que havia cruzado um oceano de séculos, eles surgiam e desapareciam feito figuras de névoa. Enquanto a história se divertia desmontando estados, o papado mantinha-se sólido, firmemente enraizado sobre origens bíblicas. Essa estabilidade tornava-o intocável no lugar de protagonista dos valores que definiram a identidade ocidental. Defender tal opinião era tarefa simples, bastava lembrar Pedro, o primeiro papa. Ou melhor, bastava observar suas relíquias – ao menos era isso o que afirmava o Vaticano. Supostamente descobertos sob o altar da Basílica de São Pedro nos anos de 1940, os restos mortais do "primeiro apóstolo" materializavam um argumento antiquíssimo: a constatação de que a santa ossada do fundador dormia sob o chão do papado, exatamente como tinha apregoado a tradição católica, provava que a autoridade pontifícia resistia às tragédias do tempo. A arqueologia vaticana renovou a liderança dos bispos de Roma – e com ela o sentimento de unidade católica –, alçando-a a um patamar superior, bem acima das derrotas e das contradições políticas. Eis o mito do capítulo 1.

Pouco antes, por volta de 1900, alguns herdeiros políticos do Iluminismo – para os quais religião e política não podiam se misturar sem se envenenar mutuamente – puseram em circulação outra explicação. O papado, que parecia ter sido expulso do espaço público por uma pátria italiana recentemente unificada, era uma estrutura arcaica, que não tinha lugar na vida política ocidental. Nascido no século IV, pelas mãos do imperador romano Constantino I, o poder político do Vaticano era fruto de uma manipulação perversa da vida pública e, como tal, estava condenado a desabar. Aos olhos desses grupos – entre os quais estavam os movimentos anarquistas – o que impressionava não era a queda do governo dos papas, mas que o colapso tenha demorado tanto tempo para ser consumado. O que ocorria com a Santa Sé desde 1850 nada mais era que um desfecho necessário da história. Pois se a religião católica possuía um estado era graças a uma degeneração do bem público. Quando o bispo romano aliou-se ao Imperador para unir Igreja e Estado na dominação social, toda a civilização perdeu duplamente: a pureza do Cristianismo Primitivo foi corrompida pelos interesses do poder; a justiça e a harmonia públicas foram sufocadas pelo obscurantismo da fé manipulada pelo clero. O capítulo 2 debate como o mito da corrupção do cristianismo das origens sustenta uma visão anticlerical da política.

O capítulo 3 apresenta um contragolpe católico. Nos tumultuados anos de 1920, alguns intelectuais recorreram à Idade Média para convencer seus contemporâneos do contrário ao que era apregoado por anarquistas e socialistas: a redução da influência política dos papas era um erro grave, pelo qual a sociedade poderia pagar caro. O alto clero romano não era uma ameaça à ordem pública. Na realidade, ele foi seu salvador histórico. Após o ano 1000, o feudalismo espalhou a crise pelos horizontes da Europa, cobrindo-a com um enxame de senhores feudais brutais. Diante do risco de dissolução da vida coletiva, restou à Igreja a difícil tarefa de assegurar a disciplina, a moralidade e a obediência às leis. Liderada pelos papas, a hierarquia católica formava a única instituição capaz de orquestrar grandes ações coletivas. A grandeza imperial era a lembrança de um passado cada vez mais distante; os reis não passavam de meros senhores feudais coroados. Sem um poder central, a nobreza pilhava, destruía e assassinava. Por isso, ainda no século XI, o papado colocou em ação um ambicioso projeto para conter o truculento convívio social e restaurar a normalidade. Esse projeto ficou conhecido como "A Reforma Gregoriana". Elaborado por historiadores, este mito oferecia uma versão católica para o surgimento da monarquia papal que desaparecera em 1870: na Idade Média, o risco de uma dissolução do tecido social exigiu a centralização da Igreja e sua transformação em um estado. Somente uma instituição forte e ancorada na aplicação da lei escrita encontraria o antídoto para a anarquia. Extinguir os estados papais era abrir mão dessa proteção vital.

Contudo, nem todos os historiadores pensavam assim. Houve quem direcionasse seu pensamento para uma conclusão diferente: havia um bem maior que a ordem social, a liberdade. E essa, diziam eles, estava além do alcance dos papas. Para realizá-la era preciso um líder nacional, nutrido pela união cultural de um povo. A defesa da liberdade exigia um governo que partilhasse os costumes, a língua e a história dos governados. Exigia, enfim, uma comunhão baseada em muito mais que a unidade religiosa. Como veremos no capítulo 4, esta reivindicação resultava de uma atmosfera nacionalista, que se tornou mais densa nas últimas décadas do século XIX graças às unificações políticas italiana e alemã. Foi então que alguns intelectuais afirmaram, insistentemente, que o poder dos pontífices oprimia a liberdade dos italianos. Bastava olhar para a história e perceber que, em diversas épocas, a existência de uma soberania papal permitiu que líderes corruptos e arrivistas se instalassem na península. Como predadores, eles cravaram as presas sobre as riquezas locais, sugando-as até a última gota para saciar a sede de glória e de fortuna de seus parentes. Um espírito verdadeiramente nacionalista saberia ler essa lição nas páginas da história. Especialmente se ele pousasse os olhos sobre a época renascentista. Ali estava o maior exemplo dos males incalculáveis que recaem sobre um povo quando o comando é depositado nas mãos de um estrangeiro. O exemplo em questão consistia no governo de Alexandre VI e sua família, os Bórgia. A descrição dos Bórgia como escravos de uma sensualidade indomável e de uma ambição assassina reforçou a visão da soberania papal como obstáculo ao amadurecimento da nação italiana. O mito da tirania renascentista inigualável, sem paralelos em qualquer outra época, fez pairar sobre os papas a sombra de "grandes inimigos" da pátria. Portanto, com a saída da Santa Sé da cena política, a nação passava a fazer ainda mais sentido: essa era a promessa nacionalista.

Por fim, no capítulo 5, o tema será uma narrativa que povoa nosso cotidiano. Trata-se de uma versão da realidade criada a respeito de Pio XII. Insistentemente veiculada em livros, revistas, jornais, canais de TV e internet, essa versão descreve o papa como um cúmplice da dominação nazista. O mito do "silêncio papal" perante o Holocausto de judeus oferece uma poderosa resposta para a pergunta: a quem devemos o atual modo de governar o papado? Ou, formulada de outro modo: o que esperar de uma liderança religiosa que não conseguiu deixar de ser um Chefe de Estado? O dilema teria aflorado durante a Segunda Guerra Mundial, entre as décadas de 1930 e 1950, momento em que o papado reencontrou a força das políticas de estado através da diplomacia. A forma como o pontífice em questão se comportou teria revelado as imperdoáveis contradições que envolveram a Igreja Romana ao longo do século XX e ainda nos dias de hoje: enquanto uma grande parte da população mundial espera ver no papa um exemplo vivo da simplicidade e da pureza apostólicas, o líder católico se vê forçado a posar para fotos ao lado de homens que promovem guerras, violam direitos humanos ou acobertam as piores formas de exploração. Apesar da drástica redução de poder sofrida após 1870, os papas são chefes de estado. Educados para encarnar exemplos bíblicos, eles estão sempre às portas do mundo de Maquiavel.

Centralização institucional, ordem pública, unidade nacional, omissão política. Os mitos debatidos neste livro construíram maneiras de compreender e se posicionar perante uma realidade ainda atual, cujas consequências sentimos na pele. Não se trata de discuti-los exaustivamente. Tampouco faremos justiça à sua complexidade histórica. O objetivo aqui é mais simples: provocar o leitor e ajudá-lo a refletir sobre como certas narrativas interferem e orientam nosso posicionamento no mundo político. Almejamos dar alguns passos na direção do vasto campo de conhecimento que surge quando cogitamos um novo ponto de partida: mito, portanto realidade.

Cuiabá, 17 de junho de 2014.

1

No princípio era... Pio XII: o papado de Pedro

É tempo de voltar ao pai comum.
Joseph De Maistre, 1819.

"Por quase 6 anos, naufragamos em uma noite longa e tenebrosa." Esta parecia ser a mensagem que o Papa Pio XII (1876-1958) desejava falar ao mundo no dia 9 de maio de 1945. Era quinta-feira, dia seguinte ao anúncio da rendição nazista. Transmitidas pela rádio vaticana, as palavras pulsavam pelos céus de uma Europa destroçada. Em tom afável, mas firme, a voz papal lembrava como o fim da maior de todas as guerras fizera pairar uma paz dos mortos sobre a população. Em muitas regiões, cidades inteiras haviam tombado em ruínas, convertidas em uma triste paisagem-cemitério. Aos sobreviventes, dizia Pio, restava viver espiritualmente ajoelhados, com a memória curvada perante a culpa por perder o mundo que conheciam. A civilização herdada dos pais e avós estava destruída. Horizontes foram sepultados com o sangue dos milhões sacrificados em batalhas ou massacrados pela fúria, pela fome e pela miséria.

A guerra que selou a catástrofe material e política da Europa foi, aos olhos do papa, um crepúsculo da fé católica. Abandonados, os valores cristãos afundaram em uma espessa escuridão. O pensamento papal foi apresentado de modo mais claro semanas depois, em 2 de junho, quando o pontífice dirigiu uma alocução especial aos povos eslavos, castigados por suportarem a frente oriental do conflito. Segundo ele, antes que os horrores da guerra revelassem a verdade por trás do nacional-socialismo, o Vaticano tinha alertado o mundo sobre a real natureza daquela ideologia. O nazismo era a negação radical de Jesus Cristo e sua doutrina. Adolf Hitler (1889-1945) difundiu uma idolatria que cultuava a força, a raça e o sangue, ao custo do livre-arbítrio, da liberdade e da dignidade humana, exaltados pelos evangelhos. Os nazistas buscavam erradicar a religião católica e varrer a Igreja dos países ocupados. Embora em 1943 a Santa Sé tivesse sido contrária à abolição das leis raciais do fascismo italiano, Pio XII mostrava-se pesaroso. Finda a guerra, ele lamentava que as advertências papais sobre o regime nazista, publicadas na Encíclica *Mit brennender Sorge* (1937), tivessem ganhado a realidade da maneira mais brutal.

Entre 1940 e 1945, milhares de padres poloneses foram enviados para os campos de concentração de Dachau e Auschwitz. No momento em que o papa redigia a alocução aos povos de língua eslava, a Polônia contava com pouco mais de 800 prelados. Em 1942, 480 ministros de culto de língua alemã foram encarcerados no campo de Dachau. Apenas 45 deles eram protestantes. Nas tradicionais dioceses da Baviera, Renânia e Westfalia, o clero contava com apenas 350 integrantes e auxiliares. Esse número era ínfimo para regiões que há séculos figuravam entre as mais representativas do catolicismo. Na Itália, sobretudo nas áreas ao norte, centenas de sacerdotes foram mortos, acusados de acobertar os perseguidos pelo fascismo. A hierarquia católica sofreu grave redução em todos os territórios ocupados: Holanda, Bélgica, França, Luxemburgo, Eslovênia. Os homens da Igreja eram perseguidos como se a fé católica não mais merecesse um lugar no mundo – concluía o pontífice.

E não apenas pelos nazistas. Segundo o Papa Pio XII, os líderes soviéticos estavam igualmente empenhados em amordaçar o clero, criando "uma Igreja do silêncio". Os sinais não demorariam a surgir. Com o fim da guerra, o mundo veria. Meses depois, o arcebispo de Zagreb e cardeal da Igreja Romana, Aloysius Stepinac (1898-1960), seria condenado a 16 anos de cárcere, declarado culpado por alta traição e crimes de guerra. Antes que isso ocorresse, o papa protestaria contra os diversos bispos aprisionados na Ucrânia e enviados para campos de trabalho forçado no Gulag siberiano; caso de Josyf Slipyj (1892-1984), cardeal e líder da Igreja Ortodoxa.

Dissipada a névoa de destruição nazista, o Vaticano revelaria que a Rússia fechava e expropriava instituições católicas, proibindo o ensino religioso fora das igrejas. Nos anos de 1948 e 1949 ocorreria um novo choque. O Cardeal Jozséf Mindszenty (1892-1975), líder da Igreja húngara terminaria preso, torturado e sentenciado à pena perpétua pelo regime comunista. A notícia causaria grande comoção nos salões da Cúria Romana, que condenaria o julgamento como um espetáculo perverso. Em meio aos protestos contra o *show trial* que ocorria na Hungria, Pio se envolveria nas eleições italianas, advertindo aos que apoiassem o Partido Comunista: a excomunhão os aguardava! Em 1952, a carta apostólica *Sacro Vergente Anno* traria uma dolorosa confissão. O papa admitiria aos católicos russos que a guerra causada pelo Terceiro Reich se impôs como prioridade máxima, à qual ele entregou todos os minutos de seus dias. Tal situação forçou-o a ser tolerante com líderes comunistas, que se declararam inimigos da Santa Sé e se opuseram ferozmente a tudo que se insinuava católico. A ameaça criada pelos lobos germânicos levou o papa a se descuidar das raposas vermelhas. Elas se aproveitaram da difícil situação do pastor, cuja atenção estava vidrada nos uivos que ressoavam das margens do Reno, para avançar sorrateiramente e abocanhar o rebanho cristão.

No entanto, um novo tempo chegou. Com a paz, Pio XII proclamou o alvorecer da religião católica. Era preciso reconstituir a civilização cristã recuperando valores fortes e tradicionais. A década de 1950 marca uma nova fase do pontificado iniciado no trágico ano de 1939. Os pronunciamentos do Papa Pacelli se tornaram mais e mais frequentes, por rádio e, em seguida, pela TV. Antes distante e majestática, a figura do sucessor apostólico surgia no interior de lares cristãos, bordejando a mesa do jantar ou iluminando poltronas na sala de estar. Nos dois lados do Atlântico os fiéis viam e ouviam um homem carismático, alto, esguio, de gestos pacientes.

Pela primeira vez na história, a Igreja de Roma passou a publicar os discursos de seu líder nas línguas nacionais, em vernáculo. Em 1950, a celebração do Ano Santo atraiu para as colinas romanas a inesgotável multidão de um milhão e meio de peregrinos, que atenderam à convocação papal para empreender a jornada pela "renovação religiosa do mundo moderno, [...] a desejada harmonia dos valores celestes e terrenos, divinos e humanos, ofício e dever da nossa geração" (PIO XII. *Non Mai Forse*, 1949). Até mesmo a morte aproximou o papa dos fiéis. Pela primeira vez, a agonia de um papa foi comunicada de hora em hora aos cristãos. A rádio do Vaticano transmitiu os momentos finais de Pio em anúncios emocionantes, falados em italiano, francês, inglês e alemão, entrecortados por música fúnebre e pausas silenciosas (Jornal *Folha da Manhã*, 09/10/1958).

O pontífice buscava reeducar os fiéis nas lições de um catolicismo simultaneamente militante e moderno, conservador e atualizado. Recuperando um processo de canonização iniciado no século XVIII, Pacelli beatificou Inocêncio XI (1611-1689), último grande papa combatente dos turcos. O culto ao "novo" intercessor celestial reascendia uma memória ancestral e estratégica: a ameaça universal ao cristianismo emergia do Oriente; ontem, os otomanos; hoje, os soviéticos. Antes de falecer, Pio XII proclamaria Santa Clara de Assis (1193-1253) a padroeira da televisão. A decisão, segundo ele, demonstrava que "a Igreja, que nunca se mostra contrária ao progresso da civilização e da técnica", acolhia a TV como um auxílio que o mundo oferecia ao ensinamento da verdade e extensão da religião (*Acta Apostolicae Sedis*, 1958, vol. L, p. 512). O papa que acionou a infalibilidade papal para proclamar o dogma da assunção da Virgem Maria era o mesmo que reconhecia a mudança da liturgia ao longo do tempo e buscava a fórmula de missas mais participativas. O mesmo pontífice que se exibia solenemente coroado, como um monarca de 300 anos antes, falava na justiça como elo vital da "doutrina social da Igreja". Sua figura centralizadora era capa da revista *Time*. Em vários aspectos, Pio XII pode ser considerado um precursor do ambiente reformador que tornaria possível a realização do Concílio Vaticano II em 1961.

Após os anos sombrios da guerra, Pio buscou novo amanhecer para o catolicismo. Era preciso projetar nova luz sobre a fé, revitalizá-la, despertá-la da longa e penosa noite de lutas fratricidas. Em meio a esta atmosfera, o Vaticano deu início a uma aventura que afetaria a realidade do catolicismo. Promoveu em seu próprio solo uma série de escavações arqueológicas, encorajadas por um audacioso propósito: encontrar a tumba de São Pedro. Ávida por renovar sua unidade, a Igreja Católica buscou reencontrar seu fundador.

Ossos para uma sepultura

A figura do apóstolo Pedro como fundador da Igreja cristã na Cidade Eterna é tema fervorosamente disputado ao longo da história. De modo geral, os historiadores mostram-se reticentes, quando não céticos. Em 1984, ao publicar *The Papacy* ["O papado"], um dos mais respeitados manuais sobre a história vaticana, o alemão Bernhard Schimmelpfennig mostrou-se mais inclinado a ver a reputação do primeiro bispo romano como uma memória construída pelas primeiras gerações cristãs. O apóstolo se tornou um símbolo de resistência no coração do Império. Olhar para trás e ver a vida do primeiro discípulo como o berço da comunidade romana era uma lembrança reconfortante. Mais do que isso: era uma maneira de unir forças para enfrentar o desafio de habitar o covil das feras, ou seja, a cidade dos Césares, os perseguidores dos cristãos. Como tal, o lugar de Pedro no passado romano teria sido idealizado, manipulado por esquecimentos convenientes. "Pouco é certo sobre a vida de Pedro após ele deixar Jerusalém", advertiu Schimmelpfennig, "podemos admitir que ele tenha partido em missão fora de Jerusalém. Mas que ele tenha sido capaz de chegar a Roma, todavia, é meramente uma visão das gerações seguintes" (SCHIMMELPFENNIG, 1992, p. 4).

Com escrita mais branda, Roger Collins reforça uma conclusão semelhante. Logo nas páginas iniciais de *Keepers of the Keys of Heaven: a history of the papacy* ["Guardiães das chaves do céu: uma história do papado"], esbarramos na afirmação de que "a presença de Pedro em Roma é muito difícil de ser documentada" (COLLINS, 2009, p. 7). A questão inquieta. Por um lado, a ligação entre o apóstolo e o surgimento da Igreja Romana tem forte peso na organização católica. A certeza do bispo de Roma como sucessor direto de Pedro faz a célebre passagem do Evangelho de Mateus justificar a primazia papal sobre as demais igrejas cristãs. É esta fundação que permite à história testemunhar a convicção de que os papas são a rocha que sustenta a Igreja e os herdeiros principais das chaves que abrem e fecham todas as portas espirituais (Mt 16,18). Por outro lado, essa mesma ligação surge vulnerável, repleta de vazios documentais e evidências fragmentadas.

De fato, não é difícil encontrar autores que alimentem incertezas sobre Pedro ter sido o primeiro papa. "Nada sabemos sobre quando e como ocorreu sua missão em Roma", lembra Juan María Gallego (2011, p. 31). "Conhecemos pouquíssimo sobre o apostolado de Pedro em Roma, a não ser o essencial: ele aí ofereceu o testemunho do martírio", resumiu Charles Pietri (In: LEVILLAIN, 2003, p. 1.374). Católico, Eamon Duffy não fez rodeios ao redigir o conhecido livro *Santos e pecadores: história dos papas*. Segundo ele, ainda que Pedro lá tenha vivido e morrido, rigorosamente falando, não foi ele quem fundou a Igreja na cidade (DUFFY, 2000, p. 6). Inevitável, a conclusão parece ter sido resumida pelo britânico John Norwich (2011, p. 8) nestas palavras escritas com letras de frustração: "podemos especular para sempre, mas nunca poderemos saber com certeza".

Mas, como costuma acontecer, a voz dos historiadores profissionais pouco se faz ouvir em nosso cotidiano. A imagem da sucessão apostólica está bem enraizada em nossos imaginários quando se trata do catolicismo. A certeza de que cada novo papa é o herdeiro de uma linhagem de regentes espirituais iniciada por Pedro é facilmente encontrável. Basta observar, por exemplo, como grandes veículos da mídia noticiaram a recente decisão do Papa Francisco (1936-) de apresentar as relíquias do apóstolo para veneração pública. Na edição de 23 de novembro de 2013 do *Estado de S. Paulo*, a notícia surgiu assim: "neste domingo, pela primeira vez nos 2.000 anos da Igreja, o Vaticano vai expor ao público os ossos que seriam de São Pedro, o primeiro papa, a base da Igreja". No dia seguinte, o site da *Revista Exame* divulgava que "o Vaticano mostrou publicamente neste domingo pela primeira vez o que se acredita ser os restos mortais de São Pedro, do lado de fora da grande basílica que leva o nome do primeiro papa". Na mesma data, o *Washington Post* estampou como manchete: "Vaticano exibe ossos supostamente pertencentes a São Pedro, o primeiro papa". O texto se repetiu no francês *Le Figaro*: "pela primeira vez as relíquias do apóstolo São Pedro, fundador da Igreja, foram expostas". Pedro, o primeiro papa e o fundador da Igreja. Escrita assim, como um fraseado corriqueiro, a afirmação parece retratar o óbvio. Nada disso. A aparente naturalidade do argumento é um dos maiores legados da época de Pio XII e seu ideal de renovação da Cristandade.

A cena de Francisco carregando a pequena arca de bronze onde foram depositados oito ossinhos delicados, descobertos no final dos anos de 1940, é uma das mais contundentes provas de que as escavações iniciadas no tempo de Pio XII proporcionaram um reencontro com a certeza de que Pedro foi fundador da Santa Sé.

A aventura da arqueologia vaticana nos subterrâneos da basílica de São Pedro teve início durante a Segunda Guerra, sob a liderança do Monsenhor Ludwig Kaas (1881-1952). Kaas era figura de relevo na diplomacia romana. Talentoso, erudito, hábil ao percorrer os labirintos do direito canônico, este padre alemão logo fez carreira política na República de Weimar. Quando o Cardeal Pacelli – futuro Pio XII – foi designado núncio papal na Baviera, Kaas se tornou seu conselheiro. Na famosa foto de 1933, na qual Pacelli – já Secretário de Estado do Vaticano – e Franz von Papen (1879-1969), o vice-chanceler de Hitler, selaram o acordo entre Roma e o Reich, é possível ver Monsenhor Kaas sentado à direita, em destaque.

Uma vez eleito, Pio XII encarregou Kaas de retomar as escavações junto à cripta do apóstolo. Era um grande passo na história da Igreja. O papado desembaraçava-se de uma atitude medieval. Se até então nenhum pontífice tinha ousado ir além dos espaços abertos pelas obras que proporcionaram as fundações para as majestosas colunas retorcidas do baldaquino idealizado por Gian Lorenzo Bernini (1598-1680), não era por temor. Os papas não receavam descobrir algo inconveniente ou encarar um vazio que contrariasse a fé. É verdade que, ao cavar o solo sagrado da basílica, os trabalhadores de Bernini encontraram tumbas pagãs, paredes adornadas com deusas dançantes e esculturas de corpos luxuriosos. Um cenário embaraçoso para a devoção católica. Mas – assegurava a própria Igreja Romana –, a resignação daqueles homens para escavar o mínimo nos subterrâneos do altar decorria de uma forte reverência pelas verdades da tradição. Reverência ancorada justamente na convicção de que a tumba do apóstolo existia naquelas imediações. A presença de Pedro era uma certeza da fé, isso bastava. O espírito saciava a curiosidade dos olhos.

Para Pio, a força da tradição deveria ser demonstrada pela ciência (KIRSCHBAUM, 1957, p. 15). Por isso, a equipe de auxiliares e colaboradores reunida por Monsenhor Kaas contou com professores e pesquisadores de alta estirpe intelectual. Os recrutados dotaram as operações de expressivas credenciais técnicas. Kaas emprestou credibilidade acadêmica a uma busca que muitos julgariam fictícia, improvável ou só fantasiosa. Coordenados por Enrico Josi (1885-1975), diretor do Instituto Pontifício para Arqueologia Cristã, atuaram dois arquitetos, Pietro Enrico Galeazzi (1896-1986) e Giuseppe Nicolosi (1901-1981), e três arqueólogos, Bruno Maria Apollonj-Ghetti (1905-1989), Antonio Ferrua (1901-2003) e Engelbert Kirschbaum (1902-1970), os dois últimos jesuítas.

O fim da guerra – sobretudo, do risco de bombardeios – permitiu a aceleração dos trabalhos em 1945. Os resultados foram reunidos em uma obra de dois volumes, cujo título soa como o de um relatório de pesquisas: *Esplorazioni sotto la confessione di San Pietro in Vaticano, eseguite negli anni 1940-1949* ["Explorações sob a confissão de São Pedro no Vaticano, realizadas nos anos de 1940-1949"]. Os dois volumes foram entregues a Pio no dia 19 de dezembro de 1950. A leitura deve tê-lo impressionado. Apenas quatro dias depois, em sua tradicional radiomensagem de Natal, o papa anunciou que em "um curto espaço de tempo, uma publicação documentada informará o público sobre o resultado da exploração diligentíssima" conduzida na necrópole vaticana (PIO XII. *Radiomessagio*, 23/12/1950).

Mas Pacelli não se conteve. Em meio ao entusiasmo gerado pelos preparativos para o Ano Santo – o Jubileu – ele confidenciou aos milhares de ouvintes: "a pergunta essencial é a seguinte: foi, verdadeiramente, encontrada a tumba de Pedro? Quanto a esta demanda, a conclusão final dos trabalhos e dos estudos responde com um claríssimo 'sim'. A tumba do Príncipe dos Apóstolos foi encontrada" (PIO XII. *Radiomessagio*, 23/12/1950). Era um momento apoteótico. O papado travara um contato direto com a época dos apóstolos, recuada vinte séculos de nossas vidas. Com espátulas e cinzéis, os arqueólogos pareciam ter aberto um caminho que os levara para dentro de páginas da Bíblia. Pincelando a poeira dos ossos encontrados, eles clareavam a sensação de estar na presença do homem preferido por Jesus.

Porém, em pouco tempo, a Cúria foi tomada por uma constatação cabal: encontrar a tumba do apóstolo era uma coisa, atestar a autenticidade da relíquia aí existente era outra bem diferente. Pois o subsolo da basílica era uma metrópole dos mortos, construída em dois níveis. O sítio mais baixo era formado por salas mortuárias utilizadas entre os séculos I e IV por cristãos e, majoritariamente, pagãos. Uma multidão de mortos, embaralhada por uma topografia urbana refeita ao longo do tempo, estava abrigada ali dentro. Além disso, acima desse sítio, perfilavam-se os altares construídos no tempo da Roma cristã, sobretudo aqueles erigidos entre a época dos papas Gregório I (540-604) e Calisto II (1050-1124).

Os altares não eram apenas monumentos cuja edificação revolvia o solo, criando um palpável risco de remexer e reunir os restos de diferentes ossadas. Eles eram um rastro. Eram pistas deixadas por um hábito cristão tão antigo quanto recorrente: a prática de reter corpos santos e desmembrá-los, distribuindo suas partes entre igrejas. O culto às relíquias atormentava o sossego dos mortos. Movidos pela crença de que a santidade era um tipo de óleo celestial que entranhava em tudo deixado pelo mortal que havia sido tocado por Deus, os cristãos guardavam o que podiam: ossos, vísceras, sangue, cabelos, unhas, pele, dentes, roupas, objetos. Receptáculos de uma essência divina, os restos especiais eram venerados como condutores de milagres. Por essa razão, tão logo faleciam, os santos se tornavam os principais alvos do desejo por experimentar o sagrado: seus cadáveres eram disputados e, muitas vezes, partilhados; em diversas ocasiões, eram repartidos, saqueados, multiplicados, vendidos, contrabandeados.

Essa antiga atitude implicava diretamente os restos mortais do apóstolo. Cultuadas, as relíquias de Pedro foram transladadas várias vezes na história. Na maioria das ocasiões, o deslocamento ocorria em razão da necessidade de proteger sua pureza. Há indícios de que no ano de 258, no calor das perseguições promovidas pelo Imperador Valeriano (200?-260), os ossos foram desenterrados, envolvidos em uma mortalha e então levados para um refúgio, o cemitério de São Sebastião. Cerca de 60 anos depois, quando uma imensa Igreja começou a ser erguida na colina vaticana em memória ao santo homem, o Papa Silvestre I (285-335) teria devolvido os restos mortais à sepultura primitiva (DEMACOPOULOS, 2013, p. 20-34).

Enquanto o tempo passava, o que restou do corpo de Pedro sofria inúmeras idas e vindas. Em 846, quando sentinelas se debruçaram nas ameias romanas para anunciar, aos berros, que guerreiros muçulmanos sedentos por saque subiam o Rio Tibre, as lideranças eclesiásticas entraram em pânico. Localizada fora dos muros da cidade, a basílica erguida para São Pedro cinco séculos atrás era vulnerável. Seria questão de tempo até que ela fosse saqueada pelos infiéis. Os sacerdotes romanos foram tomados por um medo incontrolável. Se caíssem em poder dos hereges seguidores de Maomé, os restos mortais sagrados seriam emporcalhados, profanados e, muito provavelmente, destruídos em meio à zombaria pusilânime.

Em polvorosa, homens do alto clero correram até a basílica, seguidos por serviçais esbaforidos. Quando chegaram ao altar, ordenaram que fosse cavado o local onde Silvestre localizou a santa sepultura. Quando os primeiros passos foram dados no interior da cripta, o pavor corria solto pela cidade, bem à frente dos invasores. Com a determinação afobada e as pernas impacientes para bater em fuga, os auxiliares sacerdotais cavaram apressados. Instantes depois, ecos de desespero atravessavam as paredes e podiam ser ouvidos dentro do santuário. Os sarracenos se aproximavam. Não havia tempo para salvar toda a ossada. Era preciso escolher o fragmento mais santo. Eles removeram então o crânio, a parte do corpo em que a essência da santidade costumava se concentrar. A relíquia foi envolvida em linho e confiada a um jovem emissário, que cruzou a cidade a galope até a sede do episcopado, uma igreja aquartelada do outro lado da cidade. Resultado: um milênio depois, quando os arqueólogos de Pio XII preparavam as pás para verificar o subsolo do Vaticano, a tradição católica admitia que o paradeiro do esqueleto de Pedro fosse incerto, mas que sua cabeça encontrava-se guardada no belíssimo relicário de prata da basílica de São João de Latrão (ANTONELLI, 1852).

Não somente isso. No ano de 354, um calígrafo romano chamado Dionísio Filocalo (?-?) compôs um calendário litúrgico ilustrado que seria adotado pelo Papa Dâmaso I (305-384). Entre anotações referentes ao mês de junho, esbarramos em algumas inscrições sobre a *Depositio Martyrium* ["O sepultamento dos mártires"] que asseguram de modo bastante claro: Pedro estava nas catacumbas, assim como Paulo estava na estrada para Óstia. Com a referência às "catacumbas", o calendário indicava que as relíquias do apóstolo encontravam-se em um cemitério subterrâneo localizado na Via Appia, não na Colina Vaticana, onde foi erguida a basílica de São Pedro (DEMACOPOULOS, 2013, p. 34).

Então, como ter certeza de que os ossos naquela tumba eram, de fato, do apóstolo? Como não duvidar que eles tivessem sido misturados, movidos, substituídos ou perdidos na dança de tantos séculos? Diante de uma tarefa tão espinhosa e incerta, o próprio Engelbert Kirschbaum, participante das escavações, admitiu: "nesta questão, o relatório oficial adota uma atitude extremamente circunspecta. O arqueólogo se preocupa com monumentos, não com ossos. Ossos não são sua competência especial" (KIRSCHBAUM, 1957, p. 18). Além disso, o outro jesuíta entre os arqueólogos de Kaas, Antonio Ferrua, nunca admitiu que os ossos encontrados fossem de São Pedro (CRAUGHWELL, 2014, p. 93-99).

A arqueologia vaticana enfrentava um impasse. Ao que parece, Pacelli precipitara-se ao anunciar ao mundo a descoberta de "restos de ossos humanos na margem do túmulo"

(PIO XII. *Radiomessagio*, 23/12/1950). Mas, no momento crítico, a busca de Pio XII pela realidade histórica da sepultura de Pedro foi salva por uma mulher: Madame Margherita Guarducci (1902-1999). Em uma instituição que vivia a autoridade como uma cadeia de funções predominantemente masculinas, a comprovação científica da sucessão apostólica chegou a seu termo por mãos femininas.

Guarducci se juntou à equipe arqueológica em 1952. Já no ano seguinte, passou a chefiar todas as operações, que ingressaram, então, em uma nova fase. Natural de Florença, Guarducci estudou na Universidade de Bolonha, com formações posteriores na Alemanha e na Grécia. Sua especialização em arqueologia e epigrafia grega incluía um longo trabalho de decifração de antigas inscrições na Ilha de Creta, resultando nos maciços volumes de *Inscriptiones Creticae*, publicados entre 1935 e 1950. Foi professora de Antiguidade grega na Universidade de Roma *La Sapienza* por mais de quatro décadas (HOFMANN, 2002, p. 52).

Arqueóloga experiente, Guarducci encampou a defesa pública e científica de que os ossos encontrados sob a basílica eram, de fato, do Apóstolo Pedro. A opinião foi embasada em diversas publicações, escritas para convencer as comunidades científicas tanto quanto o grande público de fiéis e interessados. Em 1959, ela reuniu os resultados de sua pesquisa no meticuloso livro *I graffiti sottola Confessione di S. Pietro* ["Os grafites sob a Confissão de São Pedro"]. No mesmo ano, uma versão mais simples e acessível da tese de Guarducci foi publicada com o título *La tomba di Pietro* ["A tumba de Pedro"], rapidamente traduzido para o inglês. Em 1965, ela lançou *Le reliquie di Pietro in Vaticano* ["A relíquia de Pedro no Vaticano"]. Em 1983, veio a público *Pietro in*

Vaticano ["Pedro no Vaticano"] e, 6 anos depois, *La tomba di S. Pietro: una straordinaria vicenda* ["A tumba de S. Pedro: um acontecimento extraordinário"]. As obras consagraram a posição ocupada pela professora, que se firmou no primeiro plano da vida intelectual do Vaticano a partir dos anos de 1960. Guarducci é o principal nome por trás da atual certeza do papado quanto à autenticidade dos restos mortais de São Pedro. Então, naveguemos pela rota de suas ideias!

A Tese Guarducci

O primeiro argumento foi documental. Segundo a professora, os autores do mundo antigo testemunharam a presença do apóstolo em Roma. A começar pelo próprio Pedro. A carta escrita por ele aparentemente em 64 e dirigida a congregações da Ásia Menor acaba assim: "a comunidade dos eleitos na Babilônia vos saúda, e meu filho Marcos" (1Pd 5,13). Nos séculos I a III, diversas comunidades cristãs utilizaram o nome *Babilônia* para se referir a Roma. Elas o fizeram porque, provavelmente, partilharam da hostilidade judaica contra a capital, símbolo da dominação imperial. Tendo oferecido provas de uma simpatia conciliatória pelas tradições judaicas, Pedro, ao utilizar aquela palavra, teria empregado a simbologia hebraica para identificar o local onde compôs sua carta. Concluiu Guarducci: a passagem era "um claro testemunho da estada de Pedro em Roma" (GUARDUCCI, 1960, p. 26).

Apesar da firmeza expressada pela arqueóloga, é preciso lembrar que os livros do Novo Testamento não fazem coro à constatação. As cartas de Paulo – a que foi endereçada aos Romanos por volta do ano 57, tanto quanto aquelas destinadas aos Colossenses e a Timóteo, ambas redigidas em Roma entre 60 e 62 – não mencionam Pedro. Os "Atos dos Apóstolos" tampouco contêm qualquer menção explícita à viagem ou à estadia do suposto primeiro papa na cidade dos Césares. Além disso, a referência à Babilônia na epístola de Pedro pode, facilmente, ser considerada uma alusão de Pedro à sua condição de exilado de Jerusalém. Alguns historiadores insistem que o nome da famosa cidade mesopotâmica não era uma referência específica a Roma, mas um termo genérico. Tratava-se de uma palavra que saía das bocas dos primeiros cristãos quando eles se referiam à crueldade e à perdição que habitam este mundo (DEMACOPOULOS, 2013, p. 14). Com o paraíso perdido, todos foram condenados a residir na terra, neste teatro de aparências e apetites da carne, enfim, nesta babilônia de exilados da pátria celestial.

No encalço de outros testemunhos, Guarducci nos faz saltar três décadas no leito do tempo. Escrita por volta de 96, uma carta ditada em nome da comunidade cristã romana é o primeiro documento a mencionar a presença de Pedro no interior do Lácio. Trata-se de um dos mais antigos textos do cristianismo, depois do Novo Testamento. A unidade de estilo sugere a autoria de uma única pessoa. Porém, a epístola, enviada em nome de toda a Igreja Romana, não nomeia redator. Com o passar das décadas, ela foi atribuída a Clemente (?-99), o terceiro bispo de Roma, como se pode ler na *História eclesiástica*, obra escrita no século IV pelo Bispo Eusébio de Cesareia (265?-339). Conhecida como "1 Clemente", a carta era venerada por muitos como parte das Sagradas Escrituras. Alguns dos principais defensores da religião tinham-na como um texto tão importante quanto os Evangelhos, caso do Padre Clemente de Alexandria (150?-215). De fato, por muito tempo, ela integrou as cópias de manuscritos bíblicos, como o *Codex Alexandrinus* (século V) e o *Codex Hierosolymitanus* (século XI) (HOLMES, 2007, p. 33-39).

A epístola foi escrita em Roma na mesma época em que João redigiu o Livro do Apocalipse na Ilha de Patmos. Ela consistia em uma resposta às notícias que chegavam do Oriente. Os rumores davam conta de que uma facção cristã havia se rebelado em Corinto e derrubado a liderança comunitária. Perturbada pela terrível novidade de uma conspiração de cristãos contra cristãos, a congregação romana decidiu compor uma mensagem que exortasse à paz e à ordem, dirigida diretamente aos irmãos orientais. Em tom edificante, a carta movia um apelo fraterno. Era preciso inspirar-se nos exemplos dos "mais recentes campeões" da fé cristã. Os verdadeiros cristãos deveriam se esforçar para viver conforme os "nobres exemplos da geração de nosso século" – Pedro e Paulo. A carta, então, prossegue. Era preciso manter-se vigilante perante a discórdia e não ceder um palmo sequer para a inveja e a rivalidade. Pois elas haviam provocado a perseguição e levado à morte as mais altas e justas colunas da fé: "deixe-nos colocar diante de vossos olhos os santos apóstolos. Houve Pedro, quem a rivalidade iníqua levou a sofrer não uma ou duas, mas diversas provações, até oferecer o testemunho e ascender ao lugar de glória que lhe era devido" (1 Clemente, 5, p. 1-6; *Patrologia Graeca*, vol. 1, col. 217A). Pedro, portanto, teria falecido entre os cristãos romanos.

Aos olhos de Guarducci, "sem dúvida, São Clemente estava se referindo às vítimas da perseguição de Nero" (GUARDUCCI, 1960, p. 30). Com isso, a arqueóloga passava a palavra para um autor pagão, o historiador Públio Cornélio Tácito (55-120), que descreveu os trágicos eventos posteriores ao incêndio de Roma em 64. Escrevendo quase meio século depois, Tácito lembrava como o Imperador Nero (37-68) foi encurralado por uma suspeita geral. Nas ruas, os ânimos eram colocados em ponto de ebulição por boatos que juravam: o incêndio havia sido criminoso. As chamas tinham sido um ataque à cidade. Desconfiavam do imperador. Ele teria ordenado que a cidade ardesse em ruínas para reconstruí-la logo em seguida, mais bela e suntuosa. Para se livrar daquele falatório maldito, Nero "determinou a culpa e infligiu requintadas torturas sobre um grupo odiado por suas abominações, chamado de 'cristãos' pelo povo". Primeiro, diz Tácito, foram presos todos que admitiram responsabilidade na tragédia. Com base em seus depoimentos, "uma gigantesca multidão foi condenada, não só pelo crime de incendiar a cidade, mas de ódio contra os homens. Zombaria de todo tipo foi acrescentada à sua morte. Cobertos com o couro de animais, eles foram destroçados por cães e faleceram, foram pregados na cruz ou lançados às chamas e queimados para servir de iluminação noturna" (TÁCITO. *Annalium Ab excessu divi Augusti libri*, 15, p. 44). Entre os mortos de Nero estava Pedro, tal como mencionado pela epístola que os romanos enviaram a Corinto.

Ao associar a carta atribuída ao Bispo Clemente e o relato de Tácito, Guarducci fez mais palpável o ambiente histórico da presença e da morte de Pedro em Roma. Afinal, um autor cristão e outro pagão teriam registrado o mesmo fato. Uma coincidência assim não se despreza. Embora Tácito se referisse à crença cristã como uma "superstição maligna", sua narrativa vai ao encontro da memória relatada na ilustre epístola. A diferença entre os dois registros era que esta última depositava toda atenção em Pedro, destacando-o na multidão dos que morreram pelas ordens de Nero.

O tema do martírio do apóstolo é a âncora para a demonstração documental de sua vinculação com a história dos papas. É assim que outra carta, escrita pelo Bispo Inácio de Antioquia (68-107) pouco antes de morrer, é recrutada como argumento. Inácio havia sido condenado a morrer na arena, devorado por animais. Aprisionado na Síria, ele aguardava a viagem para Roma, onde a sentença seria cumprida. Durante a lenta e penosa travessia, ele ditou uma epístola aos romanos. Suplicou que não tentassem resgatá-lo. Que contivessem o pensamento de salvá-lo da morte. "Deixem-me sofrer como comida das feras", implorou, "sou trigo de Deus e serei moído pelos dentes das feras para encontrar o puro pão de Cristo. Que as mandíbulas das bestas caiam sobre mim e sejam meu sepulcro". Pois o bispo acreditava que assim se tornaria um verdadeiro discípulo, já que nem mesmo seu corpo seria deixado para este mundo efêmero. Em meio aos rogos, ele disse: "eu não vos comando como Pedro e Paulo: eles foram apóstolos, eu sou um condenado; eles foram homens livres, eu, até o momento, sou escravo. Contudo, se eu sofrer o martírio, eu serei um homem livre em Jesus e nele ressurgirei livre" (INÁCIO DE ANTIOQUIA, *Rom.*, 3.1-4.3. • *Patrologia Graeca*, vol. 5, col. 689A-B. • HOLMES, 2007, p. 228-229).

Pedro e Paulo aparecem como os líderes da congregação romana. Mas, cuidado! A questão não é simples. O significado deste "comando" é discutível. De fato, como sugere a leitura literal feita por Guarducci, o termo pode ser uma referência hierárquica, indicando quem comandava a Igreja latina. Neste caso, Inácio teria reconhecido nos dois apóstolos os detentores de uma autoridade similar à sua, de bispo. Por outro lado, é possível argumentar sobre certo sentido alegórico. Observemos. Reconhecendo-se pecador, Inácio admitia não poder ditar ordens aos romanos, pois eles já haviam alcançado a existência pura, libertada dos vícios pelo sangue derramado pelos apóstolos. Aqui, "comando" já não identifica o laço político de subordinação e obediência; ele nomeia a figura de destaque que, através de seu sacrifício, consuma a libertação mística do pecado. Livre é quem entrega corpo e alma à causa da fé. Tal libertação o bispo oriental não havia alcançado, mas os romanos, sim, através dos martírios de Pedro e Paulo (cf. RAY, 1999, 132-140). Madame Guarducci optou pela primeira interpretação, embora conhecesse a difusão da linguagem simbólica nos primeiros séculos da era cristã.

Ela o fez, provavelmente, porque é mais generosa a trilha documental que permite ao estudioso se basear no tema do martírio de Pedro em Roma para defender a opinião de que ele foi o primeiro a exercer a suprema autoridade sobre os cristãos da cidade. Afinal, a essa interpretação podia ser acrescentado outro texto: o livro do *Martírio de São Pedro*. Eis aí um relato composto entre as colinas romanas por volta das décadas 180 e 190 e que, por muito tempo, circulou como parte do famoso manuscrito conhecido como *Atos de São Pedro* (DEMACOPOULOS, 2013, p. 16-19).

Falsamente atribuída a Lino (10-76), discípulo de Pedro que teria herdado o posto de bispo romano, a narrativa do martírio ganha não só detalhes, mas voz. Somos levados pelo texto a escutar Pedro pregando a castidade para a aristocracia romana. A força de suas palavras teria tocado os espíritos das mulheres, cujas consciências eram como brechas de sensibilidade abertas na rígida armadura mental das altas linhagens imperiais. As mentes femininas eram menos marcadas por valores como a disciplina patriarcal e a severidade marcial. Insistentes, as falas do apóstolo ressoaram no interior das espaçosas residências da elite romana. Entre as casas onde suas palavras ecoaram estava a do Prefeito Agrippa e a de Albino, homem próximo ao imperador. Quando descobriram que as esposas recusavam os prazeres da cama, persuadidas pelos elogios de Pedro à castidade, ambos foram tomados pela ira.

Com juízo castigado pela luxúria, eles reuniram outros homens que partilhavam a indignação perante aquela obsessão feminina por pureza e traçaram um plano para matar o agitador que ousara confundir suas mulheres. Avisado pela esposa de Albino e comovido pelas súplicas dos recém-convertidos, Pedro fugiu. Quando já havia cruzado os portões da cidade, o apóstolo teve uma visão: Cristo passou por ele, caminhando em sentido contrário. Atônito, Pedro perguntou: "Senhor, aonde vais?", e ouviu a resposta: "vou a Roma para ser crucificado". Naquele momento, o apóstolo compreendeu seu destino e tomou o caminho de volta, para morrer por Cristo.

Pedro foi aprisionado por soldados, que o levaram até Agrippa. Condenado à morte, ele insistiu na crucificação. O apóstolo foi conduzido por um vasto número de pessoas ao lugar chamado "*Naumachiae*, próximo ao obelisco de Nero". Lá, ele se aproximou da cruz preparada para sustentar sua agonia e disse, enquanto a encarava fixamente: "Oh Cruz, que uniu os homens a Deus e separou os povos do cativeiro diabólico!" Em seguida, Pedro se virou para os encarregados de sua sentença: "eu imploro, bons servos da minha salvação: quando me crucificarem, coloquem minha cabeça para baixo e meus pés para cima". Assim foi feito e Pedro entregou seu espírito. Então, um homem chamado Marcelo "desceu o corpo da cruz com suas próprias mãos, lavou-o com leite e o melhor vinho e, tendo moído betume, aloé e mirra, [...] embalsamou-o. Ele encheu um sarcófago com mel da Ática e colocou o corpo no seu interior ungido com outros perfumes" (*Acta Apostolorum Apocrypha*, 1891, p. 11, 16).

Além de criar as condições que teriam permitido a preservação dos restos mortais do apóstolo, o embalsamamento descrito no relato poderia ser tomado como um indicador da liderança exercida por Pedro. Os recursos empregados por Marcelo implicavam custos que só uma posição social elevada poderia suportar. Os procedimentos funerários descritos eram regalias típicas dos senadores romanos. Provavelmente por isso, a narrativa afirma que o apóstolo visitou Marcelo em sonho, na noite do sepultamento, e o repreendeu: não era correto empenhar tantos cuidados para um corpo morto. Aquilo que se gasta com um cadáver está perdido (*Acta Apostolorum Apocrypha*, 1891, p. 21).

Madame Guarducci tinha razão ao sugerir que o livro do *Martírio* realça a posição proeminente ocupada pelo apóstolo, demonstrando o *status* de sua rede de seguidores. Não parece haver espaço para maiores dúvidas de que Pedro é aí retratado como testemunha e intérprete diferenciado do ministério de Cristo. Isso não significa uma indicação confiável sobre uma atuação como bispo. De fato, como lembra George Demacopoloulos (2013, p. 25), o livro não menciona a existência de um episcopado romano, de uma organização institucional perpetuada através de líderes identificados como seus sucessores. Neste e em outros textos dos séculos II e III, antes de Roma, outras cidades mereciam esta distinção: a autoridade de Pedro era cuidadosamente vinculada a igrejas da Palestina e da Síria, como Antioquia, cujas credenciais apostólicas eram mais enfatizadas que as da Cidade Eterna.

Este exame das fontes literárias está orientado para chegar a um ponto conhecido: a lista de pontífices romanos definida por Irineu, bispo de Lyon (130?-202). Elaborada na mesma época do livro do *Martírio*, a relação integra a obra *Contra as Heresias* e é o mais antigo registro sobre a sucessão dos papas. Eis como Irineu narra a sequência dos bispos: "a Igreja de Roma é a "maior, mais antiga e conhecida Igreja, fundada e constituída pelos dois apóstolos, Pedro e Paulo". Após edificá-la, os ilustres fundadores transmitiram o governo episcopal a Lino, lembrado por Paulo em uma epístola (2Tm 4,21). Lino teve como sucessor Anacleto. Depois dele, o episcopado coube a Clemente, que, segundo Irineu, "viu os apóstolos e com eles esteve em contato". Em seguida, o bispo de Lyon cita a famosa carta de Clemente: "surgiram divergências graves entre os irmãos de Corinto e então a Igreja de Roma enviou-lhes uma carta importantíssima para reuni-los na paz, reavivar-lhes a fé e reconfirmar a tradição que há pouco tinham recebido dos apóstolos" (*Libros Quinque Adversus Haereses*, 3 (3), p. 9-11).

Guarducci demonstrou a presença, a morte e o sepultamento do apóstolo Pedro em Roma. Seu propósito não era provar a atuação do fundador da Igreja local. No entanto, nos parece impossível separar as duas questões. Ainda que de modo impremeditado, tamanha erudição alinhou os registros do passado antigo com as declarações oficiais do catolicismo. Ou, se preferirmos os termos mais sutis empregados pela arqueóloga: o "detalhado exame das fontes literárias conduz, como temos visto, para um resultado que não entra em conflito com a tradição" (GUARDUCCI, 1960, p. 43). A busca pela tumba do apóstolo nos autores antigos confirmou a liderança romana de Pedro como um capítulo da história apostólica e das origens do mundo cristão. Dali em diante, tornava-se mais difícil admitir outras possibilidades históricas para a fundação da Sé Romana.

O testemunho das inscrições

O manuscrito original do *Martírio de São Pedro* foi perdido. A versão mais antiga atualmente conhecida data do século VI. É uma cópia latina do texto grego. A maior parte dos manuscritos existentes é datada de períodos tardios, que seguem Idade Média adentro. Não surpreende que sua condição de texto antigo tenha sido severamente questionada. E a dúvida pode escarafunchar ainda mais a confiança em seu conteúdo quando descobrimos que o *Martírio* era um tipo de texto integrado não apenas a certos conjuntos literários, mas também a culturas orais. Isso quer dizer que se trata de um tipo de narrativa que "resistia à transmissão fixa de um manuscrito para o seguinte cujo conteúdo mudava rapidamente" (THOMAS, 2003, p. 15). Quando copiado, o texto não era simplesmente preservado, mas refeito e atualizado segundo as circunstâncias e a cultura oral da época que o acionava.

Esse controverso documento se tornou estratégico para a busca de Guarducci. O relato aí contido era como um "x" assinalando o local da morte e da sepultura do príncipe apostólico. "Sua informação sobre a topografia e o local tradicionais da cidade merece atenção", anunciava a professora (GUARDUCCI, 1960, p. 38). Segundo o *Martírio*, Pedro foi crucificado na região das "*Naumachiae*, próxima ao obelisco de Nero na colina". Ora – prosseguiu a arqueóloga –, sabemos, por outras fontes antigas, que o sepultamento ocorrera no mesmo lugar da morte. Aí estava uma pista valiosa!

Pedro foi enterrado na antiga área da colina vaticana, na arena em que Nero promoveu corridas de bigas e encenou algumas *naumachiae*, as batalhas navais romanas, cuja audiência era muito disputada. No centro do estádio estava fincado um obelisco de granito. Com mais de um milênio de idade, o espeto de pedra havia sido trazido do Egito como símbolo do triunfo romano sobre o mundo então conhecido.

Embora tenha sido construída por Calígula (12-41), a arena ficou conhecida como "circo de Nero" e, aparentemente, foi abandonada no princípio do século II. Provavelmente a construção de 500 metros e com capacidade para 20.000 espectadores foi eclipsada pelo Coliseu, que oferecia espetáculos para 50.000 romanos desde sua inauguração por volta do ano 80. Diante do crescente desuso e sempre às voltas com a infestação por malária, a área foi abandonada pela corte imperial. Como os vivos não suportavam a região colonizada por mosquitos, os mortos a ocuparam e com altivez. Um cemitério pagão surgiu junto à arena. Em questão de décadas, mausoléus luxuosos e tumbas grandiosas brotaram nas beiras da estrada que cortava a região, a *via triumphalis*, formando um bairro de defuntos altivos. O próprio Nero passou a enterrar lá seus cavalos favoritos (HERMAN, 2012, p. 170).

Desprezado e esquecido pelo dia a dia da capital, aquele canto de Roma se tornou um local discreto o suficiente para os cristãos sepultarem entes queridos sem atrair atenção. Além disso, para os devotos romanos, aquela vizinhança isolada e empesteada possuía um valor espiritual incomparável. Pois lá era possível deitar para o sono derradeiro no mesmo lugar onde o principal companheiro de Jesus sangrou e morreu. Clandestino na maior parte do tempo, o desejo de entregar-se ao descanso final naquele lugar se espalhou, atraindo muitas famílias; algumas delas, abastadas. Décadas mais tarde, o Imperador Juliano (331-363) mencionaria como os cristãos cultuavam, secretamente, os "memoriais" (Μνηματα) dos apóstolos Pedro e Paulo desde a época em que havia vivido o evangelista João (*Contra Galileos*, 327B). Os locais das tumbas eram não só conhecidos, mas visitados e celebrados com certa frequência.

Não havia razão para tratar a localização da sepultura e a das relíquias como temas distintos. A sepultura estava no subsolo do Vaticano e era cultuada desde o primeiro século da era cristã. Os fiéis jamais perderam de vista os restos mortais do apóstolo e sequer se renderam a cultuar apenas o lugar do martírio. Era o que demonstrava ainda uma famosa declaração atribuída a certo Diácono Gaio. O registro da afirmação foi feito por Eusébio de Cesareia, que escrevia cerca de 100 anos depois do ocorrido. Segundo ele, um eclesiástico, de nome Gaio, viveu em Roma no tempo do Bispo Zeferino, cujo pontificado durou de 199 a 217. Ao engalfinhar-se em uma polêmica teológica com Proclo, um cristão que concebia o zelo das comunidades orientais como espiritualmente superior, Gaio teria mencionado os lugares onde estavam os despojos dos apóstolos, retrucando: "eu, porém, posso mostrar os troféus dos apóstolos. Se, portanto, queres ir ao Vaticano ou à Via Ostiense, encontrarás os troféus dos fundadores desta Igreja" (*Patrologia Graeca*, vol. 20, col. 208-209).

As palavras que Eusébio nos faz ouvir como se saíssem da boca de Gaio eram uma proclamação da autoridade da Igreja Romana. Ao que tudo indica, o diácono foi provocado por uma tentativa de rebaixar sua Igreja. Seu interlocutor teria exaltado a superioridade das igrejas orientais afirmando-as como as detentoras dos túmulos mais sagrados, guardiãs dos mortos mais veneráveis, como o apóstolo Felipe e suas quatro filhas, que dormiam o sono dos mortos em Hierápolis. A resposta registrada pelo bispo de Cesareia fez de Gaio o nome associado ao "mais antigo e mais importante texto que se refere à tumba de Pedro e que indica sua localização" (GUARDUCCI, 1960, p. 39). As coordenadas espaciais oriundas da leitura do *Martírio* tornavam-se agora mais preciosas.

É exatamente aqui que observamos a importância do *Martírio* para as convicções de Guarducci. Foi à luz daquele controverso livro que ela estabeleceu o sentido da palavra "troféus" e fez dela o marco-zero a ser encontrado pelas operações arqueológicas iniciadas por Kaas.

A alusão de Gaio não é tão clara quanto sugere a primeira leitura. Em suas origens gregas, a palavra "troféu" refere-se a um monumento comemorativo da retirada de um inimigo. É um elogio material – arquitetônico, se quisermos – erguido à vitória sobre um adversário. É um símbolo para uma lembrança. Gaio usou a palavra como um *slogan* teológico das vitórias espirituais da Igreja Romana. Porém, é uma interpretação controversa assumir que a palavra indique algo mais específico que o palco da vitória de Pedro sobre a morte. Como monumento erigido em honra do apóstolo, o "troféu" vaticano assinalava na paisagem o lugar do martírio de Pedro: não necessariamente o túmulo onde foi depositado seu corpo.

Guarducci não pensou assim. Ela tomou o *Martírio* como bússola da arqueologia vaticana. Isto é, como um texto que registrava não somente a memória do triunfo espiritual de

Pedro, mas que marcava o local preciso onde foram depositados os restos mortais. Basta ler as palavras redigidas por ela: "a tumba de um mártir cristão, de quem havia vencido sua batalha em nome de Cristo, merece ser considerada um monumento à vitória, um 'troféu'" (GUARDUCCI, 1960, p. 41).

Segundo a professora, o troféu não celebrava o teatro da morte apostólica, mas o martírio em si: a vitória inscrita no corpo, lavada com sangue. Não poderia ser diferente, pois o lugar onde Pedro morreu havia sido reservado para glorificar o passado romano, ele possuía um símbolo pagão, o obelisco de Nero. Acuados, perseguidos, gangorreando entre a liberdade e a opressão, os cristãos não erigiriam um símbolo que disputasse o espaço com um obelisco imperial. Era uma briga impossível de ser vencida. O "troféu" de Gaio não era um monumento que celebrava um lugar, mas algo, algum objeto concreto, que pudesse ser escondido, preservado e cultuado: era um símbolo de comemoração do túmulo. A tumba existia e era um troféu cultuado pelos cristãos romanos.

Voltemos ao final dos anos de 1940. Com o avanço dos trabalhos arqueológicos após 1945, a equipe supervisionada por Ludwig Kaas alcançou um novo ambiente subterrâneo. As dimensões eram tacanhas, estreitas, com paredes desiguais. Os professores designaram o espaço recém-descoberto de "campo P". No fundo dele, havia uma parede avermelhada. Nela era possível ver um monumento discreto, repartido em dois níveis. No inferior, duas colunas sustentavam um modesto plano de mármore, sobre o qual se erguia outra pequena laje. No monumento havia duas aberturas, uma no chão do nível inferior, a outra na parede, como uma minúscula janela de um relicário. Era o sepulcro de Pedro, anunciado por Pio XII na mensagem natalina de 1950. Era o "troféu" mencionado por Gaio. Certeza que a professora Guarducci fortaleceu com sua maior especialidade arqueológica: a epigrafia grega.

Após a paciente observação dos *graffiti*, isto é, das inscrições talhadas nas paredes do "campo P", a professora demonstrou que, muito antes da basílica constantiniana ter sido construída na colina vaticana, os cristãos buscavam o local como sítio da tumba de Pedro, gravando orações e invocações com o nome do primeiro discípulo nos muros ali existentes. Um destes muros atraía a atenção de modo particular. Designado "muro G", ele continha o que Guarducci identificou como uma criptografia religiosa. Os fiéis utilizavam as letras do alfabeto grego como símbolos, ou seja, como códigos para conceitos místicos. A simples aproximação de algumas delas expressavam ideias inteiras. Quem pousava os olhos sobre a letra *tau* ("τ"), por exemplo, lia a palavra "cruz", pois o desenho da letra assemelhava-se ao de uma cruz. Bastava escrever a letra *épsilon* ("E") para outro cristão entender "*Éden*", pois a palavra lembrava a inicial daquela palavra. Algumas combinações mesclavam latim e grego. Como no caso da grafia de "IN A". Como *in* era a preposição latina que indicava lugar ("em") e a letra *alfa* ("A") o símbolo em grego para a ideia de começo, princípio: a combinação em questão expressava a mensagem de "em Cristo", identificando o messias como o *alfa*, o começo da vida eterna (GUARDUCCI, 1960, p. 99-101).

Tendo quebrado o segredo deste código religioso, Guarducci decifrou centenas de orações, todas oferecidas pela vida eterna dos mortos que estavam sepultados próximos ao túmulo do apóstolo. Quem enterrava seus parentes e amigos ali esperava que a vizinhança de tão ilustre corpo garantisse aos entes queridos uma intercessão especial perante o juízo de Deus. E precisamente no muro vermelho do troféu de Gaio a professora identificou a inscrição que, dali em diante, seria evocada em jornais, livros, documentários, websites e até nas telas de TV como uma prova irrefutável da presença dos restos mortais de Pedro no subsolo do Vaticano.

A inscrição em questão é formada por duas linhas. Na primeira há quatro letras; na segunda, três. À esquerda do *graffito* não havia nenhum sinal de escrito, o que indica que as linhas estavam isoladas, formando uma espécie de conjunto gráfico próprio. A primeira linha é de fácil leitura: ali estavam as letras *Pi, Épsilon, Tau* e *Rô*. Elas formavam o nome "Pedro" em grego. A terceira linha, mais desafiadora, era formada pelas letras, *Épsilon, Nu* e *Iota*, indicando uma forma contraída (ενί) de um verbo (ενεδτι) que significa "está aqui". Juntas, as linhas diziam *Petros Eni*, isto é, "Pedro está aqui". Mas, esta interpretação devia ser defendida. Afinal, os escavadores de Monsenhor Kaas a haviam compreendido de outro modo. Padre Kirschbaum acreditava que a inscrição era o início da frase "Pedro em paz" – uma pista muito menos otimista sobre a sepultura do apóstolo (CRAUGHWELL, 2014, p. 78).

Madame Guarducci saiu em defesa de sua interpretação com uma resposta certeira: um perito no estudo das antigas inscrições gregas – como ela – saberia reconhecer que a frase não era um fragmento ou um pedaço de uma ideia, mas uma sentença completa. No vocabulário das inscrições tumulares, o verbo em questão aparecia com frequência. Ele era usado para indicar o local de um sepultamento, a presença do corpo no interior da tumba. Tal característica era facilmente encontrada em regiões como a Ásia Menor e correspondia a diversos *graffiti* deixados por cristãos em diferentes partes do Império Romano. Portanto, havia precedentes suficientes para autorizar a opinião de que a inscrição "significa 'Pedro está enterrado aqui dentro'" (GUARDUCCI, 1960, p. 135).

As demonstrações de Guarducci corrigiram o curso da busca pelos ossos de Pedro. Os fragmentos encontrados anos antes pelos escavadores de Kaas, em um salão mortuário diferente do "campo P", não eram autênticos. Na realidade, eles se tornaram um embaraço intolerável. Quando o professor de Antropologia Médica da Universidade de Palermo, Venerando Correnti (1909-1991), concluiu o exame da ossada, a notícia não era aquela esperada ansiosamente por Pio XII.

Tão logo compreendeu que não tinha diante de si um esqueleto completo, Correnti decidiu separar os restos mortais em duas mesas: uma para os ossos grandes, outra para os pequenos. Pouco a pouco, certas porções do corpo humano se destacaram como desenhos de um quebra-cabeça há pouco esparramado de uma caixa. Correnti viu a forma do esterno, em seguida enxergou uma patela quase intacta, mais adiante reconheceu as lascas de uma pélvis. Foi então que o professor tropeçou em uma evidência: três fíbulas surgiram de uma das mesas. Não só. Entre as dezenas de ossos menores havia fragmentos de quatro tíbias. O antropólogo percebeu que remexia nos vestígios de diferentes indivíduos, não nas relíquias de um único homem. Anos de trabalho se passaram até que a conclusão se impôs: aqueles eram os restos de três pessoas, dois homens que morreram por volta dos 50 anos, e uma mulher falecida quando se aproximava da casa dos 70. Não eram de São Pedro (CRAUGHWELL, 2014, p. 66). Pio XII morreria sem a confirmação das relíquias; assim como seu sucessor, João XXIII (1881-1963).

Foi Guarducci que convenceu o novo pontífice, Paulo VI (1897-1978), a direcionar a busca para um segundo conjunto de ossos, descoberto próximo dos muros repletos dos *graffiti* da antiga devoção pelo apóstolo. Apesar de firme como uma rocha, a convicção da professora provocava mais descrédito que entusiasmo. O motivo era simples: ela insistia em olhar para algo que todos os envolvidos na arqueologia vaticana desconheciam. Parecia ser um boato rasteiro a história de que anos antes, em uma habitual visita noturna à tumba recém-descoberta, Monsenhor Kaas ordenou que os ossos encontrados junto à parede de mármore vermelho fossem removidos. Todos os arqueólogos que tinham passado uma boa parte de suas vidas se esgueirando por fendas abertas debaixo da basílica de São Pedro se recusavam a acreditar que seu próprio supervisor retiraria evidências cruciais na calada da noite sem dizer a ninguém além do padre Giovanni Segoni (?-1973). Mas, Guarducci não tinha dúvidas. Afinal, todas as peças se encaixavam. Primeiro, os exames realizados de Correnti mostraram, dolorosamente, que os arqueólogos tinham seguido a pista errada. Em segundo lugar, os anos de pesquisa sobre as inscrições no interior da tumba do apóstolo convenceram a professora que a parede de mármore vermelha guardava o "x" da questão. Por fim, havia o boato sobre aquela caixa de ossos esquecidos, secretamente removidos do lugar onde as novas pesquisas indicavam que deveriam ser buscadas as relíquias de Pedro (CRAUGHWELL, 2014, p. 83-84).

Após insistir pacientemente, Guarducci conseguiu a autorização pessoal de Paulo VI para que a caixa fosse entregue a Correnti. Desta vez, se tratava dos fragmentos de um mesmo indivíduo. Havia diversas partes das duas canelas; oito ossos das mãos, que estavam quase completas; vinte e duas partes de um único crânio; dois pedaços da mesma mandíbula; um dente. Correnti provou que os ossos pertenceram a um homem robusto, de 1,70m de altura, falecido entre os 60 e 70 anos. Entre os ossos, foram encontrados ainda alguns pedaços de linho, outros de gesso, além de fios de prata e duas moedas. A análise do solo revelou que o homem havia sido sepultado em um tecido púrpuro, com linho e lã. O gesso era compatível com o material do muro vermelho onde estava o "troféu" de Gaio. Microscópios revelaram que os retalhos de pano possuíam filamentos de ouro autênticos, datados entre o final do século III e o início do século IV. Este foi precisamente o período em que o cristianismo recebeu liberdade de culto por parte dos imperadores. Aos olhos da professora, tudo fazia tremendo sentido. Com o fim das perseguições aos cristãos, alguém, talvez o papa ou um influente grupo de clérigos, entrou na tumba, exumou os restos de Pedro, enrolou-os no rico tecido púrpuro e os depositou sob o mármore (CRAUGHWELL, 2014, p. 90). As moedas, todavia, eram medievais.

Para Guarducci era suficiente. Em 1965, ela declarou aqueles restos mortais como a autêntica relíquia de Pedro e anunciou a conclusão com a publicação da obra *Le reliquie di Pietro*.

Convencido pela leitura da obra, Paulo VI informou à imprensa mundial, no dia 26 de junho de 1968: "Foram encontrados poucos, mas sagrados restos mortais do Príncipe dos Apóstolos, Simão filho de Jonas, o pescador chamado Pedro por Cristo, aquele que foi escolhido pelo Senhor para fundar sua Igreja" (*The New York Times*, 27/06/1968). Ao contrário do que sugerem as vozes conspiratórias, há uma razão plausível para o longo intervalo que separa a descoberta da sepultura, nos anos de 1940, e a confirmação da relíquia do apóstolo no final da década de 1960. Foi preciso esperar que uma arqueóloga italiana fizesse os muros da necrópole papal falarem a favor dos restos mortais sagrados, tal como antes a equipe de Ludwig Kaas havia feito o chão revelar a realidade da tumba. Guarducci descobriu os ossos para a santa sepultura.

O fundador: ou a busca pela unidade

As evidências da presença e da morte de Pedro junto à comunidade cristã de Roma são persuasivas. Já não podemos dizer o mesmo a respeito de sua reputação de fundador e primeiro papa. É plausível, inclusive, admitir que ele tenha liderado a Igreja Romana, mas não que a tenha fundado. Mas, nos dias de hoje, tal distinção perdeu espaço, tornou-se uma espécie de tecnicalidade. Por quê?

A resposta que oferecemos: há um forte sentido histórico por trás deste reencontro real com os restos do fundador. Para ser mais exatos, dizemos que há um vigoroso **desejo** histórico de que este encontro seja real. Antes de questionar os caminhos percorridos até a redescoberta da materialidade de Pedro, examinando criticamente as técnicas e os métodos empregados, é necessário voltar um pouco e indagar o que impulsionou a arqueologia vaticana. O que motivou esta saga científica? Por que ela ocorreu precisamente em meio ao período mais turbulento do século XX, não antes, sequer depois? Por que, a certa altura da vida contemporânea, a tradição religiosa deixou de saciar a certeza a respeito da realidade histórica do fundador da Igreja Romana?

Estes questionamentos envolvem mais que a curiosidade científica ou a vontade de fortalecer uma crença, materializando-a perante os olhos de milhões. Para responder tais perguntas devemos situar a busca pelas relíquias de Pedro no seio de uma transformação maior. As escavações promovidas pela Santa Sé foram parte de um realinhamento histórico da religião católica. A Segunda Guerra Mundial ceifou vidas e sepultou certezas ancestrais. Com a pacificação, as instituições do Velho Mundo foram desafiadas por uma expectativa inédita: era preciso oferecer às populações novas referências, encontrar novos modelos que expressassem a verdade e sossegassem as consciências, exorcizando os traumas coletivos. No caso da Igreja Católica, este desafio foi vencido através de um reencontro, de uma volta às raízes. Os esforços para reencontrar o primeiro papa renovaram a imagem do papado como o depositário de verdades indestrutíveis. O retorno à origem, ao momento primordial da vida e da morte de Pedro, reinstalava a Santa Sé como berço dos valores que deveriam governar o mundo. A busca pelos restos do apóstolo havia sido impulsionada pelo desejo forte, coletivo e duradouro de fazer com que o catolicismo fosse ouvido em meio a uma era de incertezas.

Não bastassem a destruição e a perda proporcionadas pela guerra, a Igreja tinha que lidar com um problema mais persistente e multifacetado: há muito tempo que o catolicismo e a Modernidade andavam em descompasso. Quanto mais avançavam, o nacionalismo e o republicanismo impunham recuos à inserção social das instituições católicas, espalhando entre o clero a angústia de ver um passado milenar empurrado para longe do presente. Em diferentes partes do globo, o patrimônio eclesiástico era expropriado, transferido para o controle laico ou estatizado. Na Itália, onde populações inteiras nasceram sob a certeza de que morreriam cumprindo os impostos e as leis decretados por Sua Santidade, os estados papais já não existiam. Eles foram extintos para dar lugar a uma inédita pátria unificada. O pontífice, Pio IX (1792-1878), protestou vivamente. Declarou-se um prisioneiro no próprio Vaticano e advertiu aos católicos: eles tinham o dever de não participar da política e das eleições da nova Itália, um organismo político que nascera usurpador.

Da Alemanha de Bismarck (1815-1898) ao México do Presidente Obregón (1880-1928) uma série de decisões governamentais formavam um dos grandes inimigos da influência social da Santa Sé: as políticas de secularização. A busca pela separação entre o Estado (proclamado laico) e a Igreja criou uma fonte aparentemente inesgotável de reveses para a autoridade dos papas. Certas práticas, cuja existência era quase inconcebível fora do âmbito clerical, ganharam estatuto civil e passaram a ser realizadas longe dos altares: como o casamento e sua alternativa, o divórcio. Em alguns países, missas foram suspensas; faculdades de teologia, fechadas; a livre opinião religiosa deixava de ser delito. A doutrina católica perdia cada vez mais espaço entre as causas legislativas do novo século. Já não era incomum ouvir discursos anticlericais ecoando nos parlamentos e nas câmaras. Nos jornais, artigos anticatólicos ganhavam circulação. Durante as décadas de 1920 e 1930, o Vaticano denunciou a Modernidade como uma época de perseguições religiosas.

Vividos sob a égide de Pio XII, os sombrios anos do conflito mundial agravaram a certeza de que o catolicismo enfrentava uma grave divisão, um "cisma". Não internamente. Pois não se tratava do fracionamento da religião católica. A ruptura era sentida na relação entre Igreja e sociedade. Era como se o clero fosse rechaçado por um mundo cada vez mais arredio, agitado pelo individualismo, pelo consumo e pelo espírito laico. Desde o momento em que a Europa amanheceu em paz, nos idos de maio de 1945, Pio XII lançou o Vaticano em um projeto de renovação da Cristandade. Porém, para isso, era preciso encontrar meios que curassem as feridas abertas pela divisão entre Igreja e sociedade. Era preciso restaurar o sentimento de uma unidade real e demonstrável entre a fé católica e o mundo moderno, transtornado pela guerra. O apelo à Antiguidade cristã foi uma resposta a tal busca urgente. Reencontrar a existência material do apóstolo Pedro, voltar ao fundador histórico da Igreja Romana percorrendo caminhos científicos, era uma maneira poderosa de devolver aos fiéis o senso de pertencer ao mundo contemporâneo sem abrir mão da identidade católica.

O apelo à história se revelou crucial para exorcizar os medos gerais e reencontrar certa normalidade. Se por um lado a rendição da Alemanha significou o fim da guerra, por outro, ela marcou o início de um longo e penoso período de acerto de contas com o passado recente. Desde então e por muitos anos, a sensação de ter rendido suas vidas a princípios de violência e ódio, amargura e desespero, pairaria sobre as consciências do Velho Mundo. As notícias sobre os julgamentos de crimes de guerra e sobre os milhares de réus levados a tribunais de desnazificação lembravam que a coesão social havia sucumbido à violência impiedosa e extremada. Após o fim das batalhas e dos bombardeios, chegou o momento de expurgar as culpas coletivas. A desumanidade se tornou manchete mundial. Com o fim do império de Hitler, os nazistas e suas atrocidades passaram a estampar as primeiras páginas dos jornais. Em 1961, um deles – Adolf Eichmann (1906-1962) – protagonizou o primeiro julgamento televisionado na história.

Sob o efeito da audiência, milhões de cidadãos deveriam abrir os olhos para encarar uma dura realidade. Até ontem, as respostas de uma grande parcela da civilização ocidental à antiga pergunta "qual sociedade desejamos?" estiveram baseadas em princípios nefastos. "Expropriações, deportação forçada, aprisionamento, assassinatos em massa, mortes em uma escala até então inimaginável, torturas sádicas e sistemáticas": estas medidas foram aplicadas a grupos sociais inteiros: "com ódio particular aos judeus, [...] mas também aos mentalmente doentes e deficientes, os ciganos, os homossexuais, as Testemunhas de Jeová, os 'antissociais', criminosos comuns, pessoas politicamente insubmissas e as socialmente marginalizadas". A mobilização de diversos setores da população para a exaltação e defesa de ideais como "raça", "nacionalismo" e "autoridade" havia resultado na instalação de um duradouro regime do mal. Após a guerra, a Alemanha nazista não mais existia. Contudo, o Terceiro Reich havia deixado um legado que não se apagaria. Ao contrário, dos jornais aos museus, das reconstruções urbanas ao cinema, conservava-se a experiência coletiva acerca das "possibilidades e consequências do ódio humano e da destruição que existem dentro de cada um de nós" (EVANS, 2012, p. 869). As instituições políticas – entre elas, o papado – tinham diante de si o desafio de encontrar novas referências para modelar a união social. Referências que fossem capazes de cicatrizar as divisões internas e dotar os indivíduos de um firme sentimento de orientação.

Como lembra Raoul Girardet (1987, p. 171-175), em *Mitos e mitologias políticas*, o tema da unidade é desenvolvido com tanto mais fé quanto mais os indivíduos sentem a certeza de viver, penosamente, dolorosamente, uma crise de civilização. O pensamento que anima este tema geralmente tem como ponto de partida uma crítica ao estado vigente da sociedade. Trata-se de um estado de espírito dramático, que se alimenta precisamente de uma constatação básica, em tudo similar àquelas expressadas por Pio XII e que pode ser assim resumida: o convívio humano curvou-se ao reinado de "desordens e contradições, do esquecimento da noção de bem comum em proveito da liberação dos egoísmos individuais".

Através da lógica científica, um dos componentes mais intimamente identificados com os progressos da Modernidade, o papado envolveu o catolicismo num reencontro com os tempos apostólicos. A busca arqueológica por Pedro foi uma demonstração fantástica do poder integrador da religião católica: redescobrir as relíquias seria uma prova irrefutável de que a razão científica e a tradição dogmática convergem para as verdades proclamadas pela Igreja Católica. Nada menos do que 2.000 anos de história, crenças e valores seriam, então, certificados; as certezas quanto à sua autenticidade sairiam fortalecidas. Pedro tornava-se o símbolo da conciliação entre fé e razão, da reunificação das principais faces do homem. O reencontro dos restos mortais do "fundador da Igreja de Roma" atualizaria o lugar dos testemunhos bíblicos e tradicionais em uma sociedade revolucionada pela tecnologia e pela inovação. Tratava-se de uma lição que valeria para todas as questões: mesmo os princípios mais divergentes, muitas vezes selados por uma desconfiança mútua, como os da religião e da ciência, poderiam ser solidários, complementares. O reencontro com o primeiro papa seria a prova de que o Vaticano tinha a saída para superar os abismos que os homens cavam entre si e uni-los em uma harmonia palpável. Poucas instituições poderiam oferecer uma resposta tão contundente para populações mergulhadas em traumas e incertezas.

Na linha de chegada desta visão de mundo, encontra-se "a imagem de uma Igreja reconstituída, uma fé proclamada, um sistema coerente de crenças, de ritos e de símbolos. A busca da unidade não se reduz mais à simples procura por uma nova moral coletiva; pertence doravante ao domínio do sagrado". Deste ponto em diante, não se trata mais de um simples convite para renovar os princípios morais. Ainda segundo Girardet, "a religião da qual se anuncia e deseja o novo advento é uma religião de identificação com Deus, não de esperança em Deus". A arqueologia vaticana fez isso. O sentimento de reverência pelos papas não foi engrandecido por meio de afirmações morais ou carismáticas, mas através do reencontro com um passado que podia ser visto e tocado. Ela reafirmou a soberania dos papas tanto quanto a suavizou: antes tradicional e dogmática, a autoridade romana ganhou contornos inteiramente humanos, celebrados científica e religiosamente.

A imagem dos pequenos ossos santos do "Príncipe dos Apóstolos" materializa este encontro com as origens da fé. Aqueles restos sagrados foram anunciados para nos lembrar de que a milenar Igreja Católica é obra de uma humanidade como a nossa: frágil, mortal, passadiça, perecível. Nos despojos do corpo de Pedro deveríamos estar todos nós, católicos ou não católicos. Nas relíquias de uma morte tão santa quanto histórica seria possível reencontrar uma unidade que cala fundo não só nas mentes devotas. Antes mesmo da controversa confirmação, o reencontro com o fundador da Sé Romana foi feito real pela história atual da Igreja Romana.

2

O Cristianismo Primitivo, Constantino e a utopia do público

> *Onde o Estado político atingiu sua verdadeira forma definitiva, o homem leva uma vida dupla não só mentalmente, na consciência, mas também na realidade, na vida concreta; ele leva uma vida celestial e uma vida terrena...*
> Karl Marx, 1843.

Publicada na França entre 1901 e 1912, *L'Assiette au Beurre* foi uma das revistas ilustradas mais conhecidas da época. Seus desenhos e caricaturas estampavam em página inteira o tom da crítica mordaz. A revista ganhou destaque graças a um ímpeto anarquista, que fez dela uma permanente sátira da altiva cultura europeia de então. A publicação não dava trégua aos poderosos. Orgulhosas em seu cosmopolitismo engomado, as elites eram semanalmente alfinetadas. Acostumados a exibições públicas triunfantes em seus fraques e golas altas, vestidos longos e espartilhos, servidos por criados de libré e perucas empoadas, os círculos abastados desfilavam nas páginas da revista retratados de maneira escandalosa: como figuras de rostos contorcidos, vestidas em cores escuras e representadas com corpos grotescos. *L'Assiette au Beurre* era uma espécie de calo no elegante caminhar da *Bélle Époque* pelo Velho Mundo. Um calo muito dolorido, diga-se logo. Afinal, ao longo de sua existência, a revista trouxe ao público nada menos que 593 números, atraindo olhares para as hilárias e ácidas caricaturas de políticos, milionários, policiais, franco-maçons.

No dia 18 de novembro de 1905, o Vaticano foi tema da *L'Assiette*, com desenhos do italiano Gabriele Galantara (1867-1937). Na caricatura da capa, a Basílica de São Pedro ganha corpo, pernas e braços. E com as próprias mãos, o santuário estrangula um homem, um pobre diabo, até que ele vomite moedas. Tomada por apetite voraz, a basílica tirava da boca de um cidadão o único alimento que a sustentava. Dentro da revista, diversas gravuras insistem na ideia da Santa Sé como um trapaceador, como uma instituição que ilude com encenações de fé para mascarar seus reais interesses: riqueza e poder. Uma das páginas é dividida em dois quadros. No da esquerda, um sujeito, de olhos esbugalhados, é enforcado perante uma mesa de interrogadores que têm, atrás de si, um imenso crucifixo. No quadro da direita, uma fila de homens e mulheres marcha rumo a um guichê onde um padre, com a avidez do olhar excitado, atende em nome do Banco do Vaticano. Abaixo das imagens, a legenda: "o antigo santo ofício e o moderno". Antes a tortura inquisitorial, agora o crédito bancário. O Vaticano sabia modernizar suas formas de exploração – sugeria *L'Assiette*.

Viramos a página e damos de cara com o papa, provavelmente, Pio X (1835-1914). Ele está ajoelhado perante um cofre aberto, cujas prateleiras estão abarrotadas de moedas. Logo abaixo da cena, uma legenda atribuiu um pensamento ao sumo pontífice: "Oh, todo-poderoso, não adoro deus algum além de ti". O leitor é levado a imaginar Pio balbuciando tais palavras, reverenciando seu verdadeiro Deus: o dinheiro. No chão, jogado às costas do personagem, há um crucifixo, abandonado, caído, esquecido. Assim a revista sinalizava a indiferença do pastor pela fé. Um pouco adiante surge uma cena ainda mais marcante. Em trapos vermelhos, Cristo tenta entrar no Vaticano, mas é barrado por um sujeito bigodudo da guarda suíça, que aparece dizendo: "Você está louco, meu jovem? Entrar sem uma carta de audiência... não sabemos nada sobre isso!" A revista representava a Santa Sé como um organismo burocratizado, onde não havia espaço para a simplicidade evangélica.

L'Assiette au Beurre prossegue página a página, retocando o estereótipo dos padres vaticanos. Ora eles surgem com uma aparência caquética, ora como gorduchos cujos rostos deixam transparecer uma gula e uma luxúria aristocráticas. Mas são sempre caracterizados se divertindo com mulheres de decotes generosos ou se insinuando para inocentes acólitos. Um deles pergunta a um guarda: "perdão, onde se encontra a prisão do Vaticano?", e ouve como resposta: "em seus sermões, meu senhor padre..."

As ilustrações da revista anarquista escancaravam diferentes versões de uma mesma crítica. A Igreja Romana tinha perdido a essência da fé cristã ao abraçar as prerrogativas do governo secular. As perdas eram imensas e quase irreparáveis para ambos. Para a Santa Sé, significava seu esvaziamento religioso. O papado traíra a Bíblia ao abandonar os princípios da pobreza, da tolerância e da compaixão apostólicas. Jesus não reconheceria seu sucessor. Para o governo secular os danos não eram menores. O envolvimento da Igreja Católica nos assuntos mundanos produziu uma das mais cruéis armas ideológicas da história humana. Os piores interesses eram mascarados pelos argumentos teológicos. As mais implacáveis formas de exploração eram vestidas com roupagem santa e suportadas por milhões com a fidelidade de um rebanho. O homem não reconhecia sua liberdade.

As críticas desenhadas por Galantara nos anos de 1900 continuam presentes no início do século XXI. Embora mais de 120 países se declarem atualmente democracias liberais onde vigora um Estado laico, os temas da mistura entre Igreja e Estado acendem debates acadêmicos, provocam matérias jornalísticas e até sustentam duradouras carreiras políticas. Geralmente, quando nós, ocidentais, indagamos qual a origem destes perigos, uma resposta surge com frequência surpreendente: a Era de Constantino (272-337). De forma grosseira, mas pertinente, o argumento é este. No ano 312, quando o *Cesar* Constantino gravou as iniciais do nome Cristo nos escudos de seus exércitos e se impôs em um Império dividido pelas lutas civis, tudo mudou para o cristianismo. Um novo tempo teve início. O homem à frente das legiões não mais era hostil à fé palestina. A era das perseguições chegava ao fim. Afinal, Constantino adotou o Deus cristão como senhor e mestre, proclamando-o a fonte de seu poder e suas vitórias. Antes clandestina, a existência das comunidades que cultuavam aquela divindade era agora parte integrante do direito imperial, que assumiria as rédeas de sua organização, conduta pública e resolução dos conflitos internos à fé. O argumento pode ser lido em uma constelação de obras e websites, mas, para ilustrar sua popularidade, nos limitamos a citar a afirmação de um livro que carrega o emblemático título *A Popular History of the Catholic Church* ["Uma história popular da Igreja Católica"]. Segue o trecho em questão: "uma pessoa pode ser apontada como iniciadora de uma nova era para a Igreja. Embora não fosse cristão à época, a conversão de Constantino alteraria dramaticamente o poder e o *status* da Igreja" (KOCH, 1997, p. 65).

O reinado de Constantino marcaria um processo histórico que ocorreu em dois atos simultâneos: a cristianização do Estado romano e a institucionalização da religião cristã. A vida das congregações de fiéis era agora assunto de alçada pública. É o que Constantino e Licínio (263?-325), o imperador nas terras orientais, teriam decidido quando se inspiraram no édito de tolerância proclamado pelo falecido *Cesar Galério* (260?-311) e comunicaram a governadores provinciais as ordens de não mais molestar ou interferir nos cultos cristãos – tal comunicado ficou conhecido como "Édito de Milão", de 313.

Deste momento em diante, em meio a um império ainda cindido e castigado por tensões internas, Constantino estendeu vantagens às igrejas. Ele o fez gradualmente, até o fim da vida. Mas, no curso da história o resultado foi visto como ambíguo. Esta sucessão de benefícios era uma estratégia de controle, que lançava sobre a nova religião a tutela imperial. Favor após favor, a corte de Roma teria costurado uma teia de dependências que capturou a antiga autonomia das comunidades cristãs. Primeiro, a tolerância foi garantida a todos os locais de culto. Depois, diversos oficiais provinciais receberam ordens para suprir as igrejas destruídas durante a perseguição do Imperador Diocleciano (244-311) com a força de trabalho e os recursos necessários para a reconstrução. No momento em que terras eclesiásticas passaram a contar com a isenção do pagamento de taxas, o clero assumiu sua subordinação à lei romana. A esta altura dos acontecimentos, o imperador controlava os bispos, cada vez mais reconhecidos como partes da hierarquia governamental.

Em menos de um século, os valores cristãos ganharam o estatuto de crenças oficiais da vida política imperial. Não apenas como a religião do estado romano, mas uma religião que aprendeu a ser estatal. Pois o cristianismo sobreviveu ao fim do Império nas regiões ocidentais. Romanizados, seus bispos preservaram as leis, a moeda, as taxas, as cerimônias e diversos princípios do governo dos Césares. Do altar, as orações e as reflexões sobre as Escrituras legitimavam a jurisdição sobre crimes diversos, a preservação dos patrimônios eclesiásticos, a administração de cidades inteiras, a manutenção do modo de vida da ordem clerical, o soldo das tropas – tal como satirizavam as caricaturas de *L'Assiette au Beurre*. A cruz, símbolo da redenção para a vida eterna, era agora sinal do triunfo neste mundo.

Segundo esta imagem, com a Era iniciada por Constantino, o tempo dos mártires e das perseguições ficou para trás. Os séculos heroicos do chamado "Cristianismo Primitivo" eram agora passado. Uma identidade cristã coletiva cristalizou-se nas instituições clericais, e estas cobriram a vida política ocidental com o espesso manto de seus interesses, cada vez mais governamentais.

A inocência da religião

O conceito "Cristianismo Primitivo" é dos mais comuns em nosso vocabulário. Não é para menos. Se hoje ele está praticamente por toda parte, em livros, websites e revistas, é porque os próprios historiadores o usam de forma corriqueira.

Ele povoou as prateleiras de história entre 1800 e 1900. No século XVIII, o conceito era assiduamente visitado quando os eruditos se punham a refletir sobre a teologia, a Bíblia ou mesmo os costumes. Àquela altura, o termo já expressava, com aparente naturalidade, a ideia de uma religião original, imaculada, intocada pelos interesses políticos, como se lê em *A Catechism of Pure and Primitive Christianity: in doctrine, worship and practice* ["Um catecismo do cristianismo puro e primitivo: sobre doutrina, adoração e prática"], de 1783. No distante ano de 1673, a expressão figurava como título da obra em três volumes dedicada por William Cave (1637-1713) aos primeiros cristãos.

Em sua roupagem tradicional, cerzida ao longo de séculos, o conceito nos faz ver a religião cristã partilhando características comuns nos três primeiros séculos de existência. Isto não quer dizer que o conceito termine por homogeneizar a história, como se amassasse como um rolo compressor a diversidade das comunidades cristãs em um espaço tão vasto quanto o Mediterrâneo e em uma porção de tempo tão imensa quanto 300 anos. De forma alguma! Quem o emprega costuma destacar as diferentes fases abrigadas em seu interior, bem como a heterogeneidade cultural a ser reconhecida nesta expressão.

Mas, fato é que o conceito diz respeito à história cristã até Constantino. As ações do imperador figuram como um corte ou um divisor de águas, se assim preferirmos. Ao trazer o cristianismo oficialmente para o âmbito da política romana, Constantino teria – segundo a lógica deste conceito – provocado mudanças que decretaram o fim de características herdadas da época em que os apóstolos peregrinavam entre os povos. O novo *augustus* se tornou um ponto de ruptura, de emergência de uma nova realidade para a religião, que teria sido arrancada de um extremo da sociedade para, em poucos anos, ser assentada na outra ponta das posições de poder. De marginalizadas, as igrejas cristãs passaram à condição de favoritas do poder imperial.

Para entrar em contato com esta argumentação, basta ler um livro como *101 coisas que todos deveriam saber sobre o cristianismo*, um tipo de leitura que costuma ter forte apelo editorial. Segundo as autoras, Helen Keeler e Susan Grimbly, "durante os primeiros 300 anos, o cristianismo era visto com grande suspeita". Os fiéis corriam constante perigo: "eram molestados e perseguidos em todo o Império Romano, onde não tinham nenhum poder político" (KEELER & GRIMBLY, 2007, p. 34). O imperador era inimigo, jamais um protetor ou aliado.

Este distanciamento da política oficial não era somente produto da marginalidade social, mas do alegado fato de que o cristianismo dos primórdios era uma fé de oprimidos. Sobretudo dos homens e mulheres que, nas cidades, eram esmagados pela escravidão, pelo endividamento e pela exclusão. Tal imagem levou conhecidas referências do marxismo a enxergar na nova religião do mundo antigo uma semente que germinaria, séculos depois, como os movimentos proletários modernos e o sonho socialista do fim das desigualdades entre os homens (ENGELS, 1882; KAUTISKY, 2010, [1908]). Tal despojamento de poder era, supostamente, uma exigência embutida no conceito de "Igreja" (*Ecclesia*) acalentado pelas diversas comunidades do Cristianismo Primitivo. A Igreja não era identificada com a ordem clerical, mas com o conjunto dos fiéis. E estes viviam uma espera messiânica. Aos seus olhos, o mundo estava mergulhado em desgraças, era decadente, caminhava a passos largos para o fim. O retorno do

Messias era iminente e traria consigo a redenção para todas as injustiças e mazelas. Mobilizar os governos terrenos não fazia sentido, pois o Juízo Final amanheceria em breve.

E então não haveria pobres, vítimas ou escravos. Durante os três primeiros séculos, ser parte de uma Igreja cristã teria significado aderir a uma atitude de negação do mundo e seguir, dia após dia, agarrado à promessa de que uma nova vida colocaria um fim ao fardo da existência material. Esse desapego do mundo se revelava como um desapego do próprio corpo: de diferentes modos, as congregações cristãs primitivas buscavam a pureza, fosse através do culto à continência, da mortificação da carne ou da extrema proibição sexual. Os comportamentos perante o corpo davam forma ao desejo pela sociedade celestial. Essa atitude teria unido na fé homens tão distintos como o Bispo Clemente de Alexandria (150?-215), que insistia na continência com fundamento da Igreja; o eremita Antônio do Egito (251?-356), que tentou fazer do isolamento no deserto sua fortaleza contra as tentações da carne; o filósofo neoplatônico Orígenes (185?-253), que teria levado adiante a decisão de castrar-se ainda jovem. Todos eles estariam ligados por aquilo que o sociólogo Max Weber (1864-1920) identificou como "rejeição antipolítica do mundo": uma religiosidade voltada para a redenção através da fraternidade, da renúncia material, do repúdio à violência e da indiferença perante o Estado (WEBER, 2006 [1922], p. 267-274).

O cristianismo era um "organismo completo", capaz de envolver seus integrantes em um convívio que escapava e desafiava a ordem vigente. Era uma "contrassociedade", dotada não apenas de ritos próprios, mas de uma moral, uma literatura, uma sociabilidade, um tipo de autoridade e "uma porção de outras coisas que o paganismo não tinha". Ele era uma "particularidade única" no Mundo Antigo, simultaneamente original e voltado para a realização universal. Assim o historiador francês Paul Veyne caracterizou a religião cristã primitiva em *Quando nosso mundo se tornou cristão (312-394)*, livro fundamental sobre o tema (VEYNE, 2010, p. 61-79).

Durante os séculos compreendidos entre Cristo e Constantino as divergências entre as comunidades cristãs se multiplicaram. O próprio nome "heresia" havia se tornado o alvo de guerras teológicas, sacado e disparado por (e contra) diferentes congregações. A certa altura da história, já não parece tarefa fácil saber quem é o herético. Entretanto, a expressão "Cristianismo Primitivo" conduz ao argumento de que os grupos discordavam quanto aos meios, não quanto à causa. Todas aquelas controvérsias eram lutas travadas pelo mesmo objetivo: evitar a adaptação da *Ecclesia* ao mundo. Tal fora o caso da "heresia" chamada montanismo. Por volta de 170, um cristão chamado Montano profetizava o surgimento da Jerusalém Celeste. Mas advertia que as portas da cidade espiritual só se abririam para os que praticassem uma ascese rígida e uma moral austera. Na prática, isso implicava cumprir longas semanas em jejuns, praticar três quaresmas por ano, conservar a castidade durante o casamento, não fugir às perseguições imperiais (*Patrologia Graeca*, vol. 20, col. 462-463). Tertuliano (160?-220), um dos mais importantes padres apologistas dos primeiros séculos, foi um montanista. O engajamento em polêmicas teológicas lhe valeu uma sólida reputação de combatente da fé; a vinculação ao montanismo lhe rendeu algumas incriminações como herege aos olhos da posteridade.

No caleidoscópio de comunidades cristãs, a unidade da fé era assegurada por duas tradições essenciais: as constantes práticas missionárias e a distribuição da vida litúrgica em redor de não mais que dois sacramentos, o Batismo e a Eucaristia. Embora a autoridade dos bispos já houvesse sido projetada acima da voz dos fiéis, não havia uma Igreja capaz de se impor às demais como centro de produção teológica e modelo ritual. O maior desafio do cristianismo era situar sua doutrina entre, por um lado, as influências do multifacetado pensamento em língua grega e, por outro, as raízes fincadas na hermética religiosidade judaica. A disputa pela supremacia entre as igrejas não estava na ordem do dia. Assim defende quem costuma falar no Cristianismo Primitivo: a religião possuía ritos simples e peregrinava pelo mundo missionando; antes de estar guardada em templos, a fé estava nas ruas, nas praças, nas catacumbas, no deserto.

Constantino teria invertido todo este cenário, colocando de ponta-cabeça o mundo vivido por uma sucessão de gerações. Em questão de anos, a religião cristã acomodou-se nas dobras do *status quo*. Antes que o século IV chegasse ao fim, o cristianismo vestiria a roupagem de religião oficial do governo imperial. Sua politização teria sido tão intensa quanto evidente. As consequências da nova dimensão de poder alcançada pela fé no Cristo formavam uma lista que cresceria Idade Média afora: concílios eclesiásticos de proporções nunca vistas, a padronização das declarações fundamentais da fé, a organização das dioceses, a elevação dos bispos de Jerusalém, Alexandria, Antioquia, Constantinopla e Roma ao inigualável patamar de "patriarcas", a definição dos textos canônicos, as regras da sucessão episcopal, o dia de domingo, as grandes basílicas, o controle do calendário. O cristianismo se tornava cerimonioso, sedentário, dependente de muros, edifícios, tronos.

A constituição da Igreja não era homogênea ou inteiramente coerente. Era plena de variações locais que, lentamente, se agruparam em províncias pelas lideranças clericais. Mas no século IV, um processo de unificação institucional teria sido colocado em marcha. Sustentadas pelo governo imperial, certas alas episcopais, em sua maioria, supostamente identificadas com a liderança de Igreja de Roma, combateram grupos concorrentes, que se diziam porta-vozes da verdadeira *Ecclesia*. O século de Constantino seria o gatilho para a ascensão do papado.

No Oriente, o concílio reunido em Niceia pelo imperador, no ano de 325, condenou como falsas as interpretações de Ario (256?-336). O presbítero de Alexandria foi banido como herege por se agarrar à humanidade de Cristo e ensinar que o Salvador não possuía a mesma substância de Deus. O arianismo partilhava o destino dos seguidores de Donato (?-355?), bispo de Cartago. Os donatistas proclamavam "traidores da fé" aqueles que haviam abjurado para escapar das perseguições de Diocleciano. Ao fugir do martírio, eles negaram Cristo para salvar a própria pele. Portanto, deixaram de ser cristãos. Se desejassem retornar à religião, deveriam receber novo batismo. Se clérigos, deveriam ser ordenados mais uma vez e, até que isso ocorresse, sua palavra continuaria oca e os sacramentos ministrados por eles, inválidos. Condenados pelo Papa Melquíades (?-314), os donatistas foram tratados como cismáticos pela administração imperial. O papado triunfava, assegura esta versão da história.

Conforme a conhecida conclusão do historiador inglês Arnold Hugh Martin Jones, o espírito corporativo, a autonomia decisória, a flexibilidade doutrinária e a religiosidade dos oprimidos – características centrais do Cristianismo Primitivo – foram eclipsados pelo poder imperial. "O efeito sobre a Igreja foi, sobretudo, ruim" – arrematou Jones. Segundo ele, a partir de então os convertidos surgiam cada vez menos por força das convicções, e mais por interesses ou inércia. O fervor espiritual e moral da religião enfraqueceu. Para o Império, o desfecho não foi muito diferente, prosseguiu o historiador: "A velha corrupção e opressão das massas por oficiais e senhores de terras não recuou, e o que restava do espírito público desapareceu" (JONES, 2003, p. 206-207). Escrevendo entre as décadas de 1940 e 1960, A.H.M. Jones parecia emprestar novo texto às ilustrações da já extinta *L'Assiette au Beurre*.

Alguns historiadores deixaram o inconformismo falar alto. Eles não se contiveram e dispararam avaliações farpadas contra a cena da religião primitiva entregando ao governo de Constantino toda a potência revolucionária que tinha florescido de um espírito apolítico. "Como poderia a Igreja cristã", perguntava Paul Johnson, "aparentemente de boa vontade, acomodar esse esquisito megalomaníaco em seu sistema teocrático? Houve uma barganha consciente? Foi o Império que se rendeu ao cristianismo ou o cristianismo que se prostituiu para o Império?" (JOHNSON, 2001, p. 86). A união entre Igreja e Estado era vergonhosa como um casamento por *status* e conveniência, que violava a pureza apostólica. Bastava, como fez Guy Laurie, um exercício de fantasia para compreender isso melhor. "Imagine um dos primeiros apóstolos, Paulo, digamos, adormecendo por séculos. Agora, imagine-o despertando no quinto século." E como quem insinua as respostas para as próprias dúvidas, Laurie continua: "Ele experimentaria um profundo sentido de choque espiritual e cultural? Ele sentiria que a Cristandade do quinto século era uma forma mais rica que sua própria Cristandade ou ele sentiria que de algum modo a Cristandade perdeu seu caminho?" As mudanças eram profundas. "Bispos se tornaram oficiais governamentais. Governadores, e mesmo imperadores, eram membros de suas congregações e sujeitos à sua liderança moral e religiosa. O poder sacerdotal podia corromper." Estar no centro da sociedade levou os homens da Igreja a assumir poderes anteriormente rejeitados (LAURIE, 2004, p. 9, 19).

A descrição da corrupção da *Ecclesia* primitiva era a peça histórica que completava um quebra-cabeça maior, a certeza de que a Antiguidade afundava em um longo e trágico declínio. Embora tenha sido parte da reunificação política protagonizada por Constantino, a ascensão do cristianismo institucionalizado surge como causa e efeito da decadência da política clássica. Colonizada pela força ideológica cristã, a esfera pública seria subordinada aos interesses e privilégios do clero, desde então capitaneado pelo papado. A ascensão do cristianismo era um dos últimos capítulos da crise do mundo antigo.

Todo o pensamento descrito até aqui é muito conhecido. Certamente não falta quem o julgue óbvio. Mas a história mostra-se arredia ao garrote deste raciocínio tão familiar.

"O Imperador nos pertence"

Há décadas os historiadores têm desfeito a imagem do cristianismo dos primeiros séculos como uma religião de proscritos e que se difundia quase exclusivamente entre as modestas classes sociais das cidades mediterrânicas. A repercussão da fé palestina entre as abastadas elites imperiais e os altos círculos letrados do mundo romano era uma realidade antes mesmo do ano 200. Enquanto Paul Veyne fala em uma "contrassociedade", Judith Perkins nos faz ver os cristãos anteriores a Constantino vivendo em comunidades mistas, pouco se diferenciando de seus vizinhos pagãos, a não ser por um senso de desligamento face às comunidades. Entretanto, este sentimento de desvinculação seria vivido em meio a aceleradas mudanças econômicas e culturais, que transformariam as fronteiras geográficas, políticas e sociais da vida romana. Os cristãos não escaparam à necessidade de se adaptar às novas situações locais (PERKINS, 2009, p. 31-33).

A cristianização das elites romanas não ocorreu através de um efeito cascata, com a nova identidade religiosa jorrando de um ponto, politicamente localizado no topo – isto é, a figura do imperador –, até cobrir o pescoço dos aristocratas situados logo abaixo dele. Antes da vitória de Constantino, a fé cristã arrebatava os corações e as fortunas senatoriais infiltrando-se em relações de patronato, na formação de redes clientelares, na influência dos laços de parentela. A conversão da aristocracia não foi um fenômeno tardio, de fins do século IV. Se o primeiro cônsul cristão do qual temos notícia, Ovinius Gallicanus (?-?), aparece logo no ano 317, não só como magistrado, mas como generoso doador de prata e rendas para as igrejas de Óstia, era porque o cristianismo, provavelmente, já havia sido abraçado por uma das maiores famílias senatoriais do século III (BARNES, 1995, p. 142).

Como Peter Brown (1999, p. 43), devemos sempre ter em mente que "é difícil dizer que os cristãos, nos primeiros anos do reinado de Constantino, fossem totalmente inocentes em termos de riqueza, uso de escravos e até de poder". Por isso, já no século II, a Igreja e o clero eram alvos de críticas no interior da própria literatura cristã, como nos permite ver um dos mais enigmáticos escritos da história antiga, o *Pastor de Hermas*. O estilo simples, talhado com fortes elementos de perspectiva judaica, fizeram os livros que o compõem alcançar grande circulação entre 180 e 300. Seu conteúdo relata as visões e revelações de Hermas, um cristão romano. Centrada nos preceitos da obediência aos mandamentos, do arrependimento e da justiça divina, a narrativa faz desfilar perante o leitor uma série de analogias e paralelos a respeito da condição da Igreja, sobretudo das relações entre os ricos e os pobres no seu interior (HOLMES, 2007, p. 442-443).

Em uma das últimas parábolas narradas pelo *Pastor*, Hermas é visitado pelo anjo da penitência. O enviado celestial levou-o para a região chamada Arcádia. Lá, sentado no topo da paisagem, Hermas avistou o vale. Era uma grande planície, rodeada por 12 montanhas, cada uma com um aspecto único. Uma delas possuía o aspecto da desolação. Suas encostas estavam tomadas por serpentes. Estas – esclareceu o anjo – eram os "diáconos imundos, que conduziam mal seu ministério, que saqueavam a subsistência de viúvas e órfãos e, assim, invalidavam os próprios ofícios". Se persistissem na ambição, estariam mortos e sem qualquer esperança de vida após a morte (*Hermæ Pastor. Aethiopica primum edidit et Aethiopica Latine*, 1860, 9 (26), p. 175).

A literatura pastoral, da qual o livro de Hermas era parte, mostra que as primeiras gerações cristãs pós-apostólicas sentiram os efeitos decorrentes de uma transformação da autoridade que as liderava. As vozes à frente das comunidades já não se distinguiam pela força do carisma. Elas eram lideranças fundadas na regulamentação das responsabilidades internas à comunidade – como a subsistência de órfãos e viúvas. Tratava-se, portanto, de um tipo de comando preso a obrigações de proteção e ajuda mútua. E os homens investidos daquelas tarefas frequentemente falhavam, eram corrompidos por anseios mundanos, pois já não eram aqueles que haviam sido tocados e pessoalmente escolhidos por Cristo. Antes de Constantino, o sentimento de pertencimento cristão já transitava da imitação celestial para um pertencimento terreno, que exigia o estrito cumprimento de códigos sociais claros e pragmáticos. "O Cristo crucificado é substituído por um Cristo domesticado" (FATUM, 2005, p. 189), o que abaixava a guarda dos diáconos e presbíteros perante as tentações do poder e do enriquecimento.

A descrição dos cristãos engajados em uma "rejeição política do mundo", atitude que supostamente os convertia em oponentes resolutos da exaltação da autoridade imperial, também enfrenta contradições documentais. Basta passar os olhos pelo *Apologeticus*, livro escrito pelo padre africano Tertuliano por volta de 197. Dirigindo a palavra aos oficiais provinciais, Tertuliano advogava tolerância para os cristãos. Não como súplica. Mas como uma afiada tese jurídica. O ímpeto militante da escrita nos faz imaginar o autor com dedo em riste, olhar destemido, dizendo, com voz inabalável: a vigência da pena de morte sobre os cristãos era uma prova lógica de que algumas leis romanas eram absurdas, verdadeiras sandices. Em primeiro lugar, argumentava Tertuliano, quando os pagãos definiam "não é permitida a existência dos cristãos" sem oferecer qualquer possibilidade de defesa, réplica ou retratação, eles simplesmente escancaravam a iniquidade e a tirania de sua dominação.

Mas o *Apologeticus* não se deteve aí. Ao invés de repudiar os pagãos, ele assumiu o controle sobre sua forma de pensar e a apontou contra eles mesmos. Vejamos. Primeiro, era preciso dar crédito às palavras do outro. Se, como diziam muitos pagãos, a morte cristã era o correto a ser feito, porque assim combatia-se um tipo de mal, então, concluía o padre africano, a lei deveria ser obedecida. Contudo, que ficasse claro: pensar assim significava admitir que a lei estivesse a serviço do que é bom e justo. Precisamente neste ponto estava um erro grosseiro e imperdoável. O Direito Romano tinha um gigantesco ponto cego, dizia Tertuliano. Pois os pagãos não discutiam o que era o bem e a justiça. Aplicavam a lei sem debater o mérito, sem examinar o que era salutar e lícito para os diferentes homens.

Porque não vasculhavam a essência do bem e da justiça, porque cumpriam a lei às cegas, os pagãos acatavam um preceito como aquele, inteiramente sem sentido e maléfico. O erro habitava a lei humana. Por isso, a cada dia os romanos derrubavam uma velha selva de leis e erguiam em seu lugar uma série de éditos imperiais. "Severo, o mais determinado dos imperadores, não havia anulado as ridículas leis que compeliam as pessoas a terem filhos antes que as leis julianas as permitissem casar?" As constituições mudavam, muitas leis perdiam força, outras eram revogáveis. Eis as marcas da imperfeição. "Antigamente", continuava Tertuliano, "houve leis autorizando que um condenado fosse cortado em partes por seus credores". Contudo, por consenso público, tal crueldade fora banida dos códigos legais (*Apologeticus*, 4, p. 16-17). As leis romanas falhavam. Elas nem sempre baseavam-se no bem e no justo.

Nenhuma lei deveria impedir que se questionasse a natureza do crime condenado. Se um juiz não decretava castigos sem a certeza de um crime, tampouco deveria obrigar os cidadãos a sofrer o efeito de uma lei se estes não tinham consciência da infração cometida. Consenso público (*consensu publico*) e equidade (*aequitas*): segundo Tertuliano uma lei só era legítima quando sustentada por estes princípios da vida política romana. Não bastava que ela emanasse da autoridade e que punisse com eficiência. A lei não poderia se limitar a satisfazer a si mesma ou ao magistrado que a aplicava. Ela deveria convencer igualmente aqueles dos quais se esperava obediência. Uma lei desperta suspeita quando não pode ser examinada e torna-se perversa se, uma vez desaprovada, prossegue tiranizando os homens (*Apologeticus*, 4, p. 16-17).

Segundo Tertuliano, um dos caminhos que levaria ao fim da pena capital sobre os cristãos era a participação política, ter voz nos espaços onde a lei ganhava forma. Em meio ao sangue vertido e às centenas de vidas ceifadas, as perseguições aniquilavam algo mais: o pertencimento público das comunidades cristãs. Se os cristãos gozaram de paz durante o reinado de Marco Aurélio (121-180) foi porque o imperador se colocou publicamente ao seu lado, decretando inclusive uma sentença de condenação contra os acusadores – afirmou o padre. Que continuava: de modo semelhante, Trajano (53-117) "por muito tempo proibiu a busca por cristãos". Vespasiano (9-79), Adriano (76-138), Antonino Pio (86-161), Lúcio Vero (130-169), todos seguiram o exemplo. Os cristãos, portanto, tinham lugar na vida pública, mas eram impedidos de ocupá-lo "pelas leis que somente os ímpios e injustos, os vis, os sanguinários, os sem sentimentos, os insanos, executam" (*Apologeticus*, 5, p. 18-19).

Como se pode perceber, o *Apologeticus* não resumia a supremacia dos imperadores a um fardo, como um mal necessário a ser suportado neste mundo de pecadores. O poder imperial incluía o consenso e a equidade, dois princípios que existiam para a utilidade dos homens. Eis uma constatação fundamental: mesmo na escrita combativa do cristianismo havia espaço para a identificação com a autoridade estatal. Ouçamos mais uma vez a voz de Tertuliano. Dizia ele: embora nós, cristãos, víssemos as espadas romanas servirem-se das cabeças de nossos próximos, apesar de testemunharmos nossos irmãos em Cristo serem suspensos em cruzes e entregues às feras, ainda assim, "sem cessar, oferecemos preces por todos os nossos líderes. Pedimos por uma vida longa, pela segurança do Império, pela proteção da casa imperial, por bravos exércitos, por um senado fiel, por um povo virtuoso, [...] como um imperador desejaria" (*Apologeticus*, 32, p. 98-119).

"Vocês nos arrancam a alma, e nós imploramos a Deus pelo bem do Imperador." Palavras fortes, quase magnéticas. "Nós sabemos", prosseguia o teólogo cartaginês, "que o iminente choque de poderes em toda terra é retardado somente pela existência do Império Romano. Não temos nenhum desejo de sermos tomados pelos terríveis eventos" que nos espreitam das sombras do Império. Vítimas da ordem imperial, os cristãos a respeitavam como o cumprimento da paz traçada para esse mundo pela Providência. A declaração que vem a seguir parece não caber nas usuais visões sobre o Cristianismo Primitivo: "portanto, devo dizer que César pertence mais a nós do que a vocês, pois nosso Deus o escolheu. Eu faço mais por seu bem-estar" (*Apologeticus*, 32, p. 98-119).

Os cristãos não ofereciam sacrifícios ao imperador. Eles não cobriam suas portas com loureiros. Nos dias festivos, dedicados à honra de César, não saíam às ruas celebrando com palmas, gritos, danças. Entretanto, – refutava o padre – tais omissões não os tornavam inimigos do Estado. Quem não se lembrava de que os senadores, nas vésperas de cometer as mais odiosas traições, ofereciam sacrifícios pela vida do imperador? Suas bocas juravam por ele, mas suas mentes planejavam matá-lo. Ao invés de desfigurar a obediência civil, a recusa em cultuar César como divindade era um serviço prestado à estabilidade imperial. Pois esta renúncia indicava o caminho para respeitá-lo de forma pura, consciente, decente; não como a bajulação fatal de um Brutus: "chamá-lo de Deus é usurpar seu título. Pois se ele não é um homem, então não pode ser um imperador" (*Apologeticus*, 33, p. 99-100).

O cristianismo vivido por Tertuliano era uma sociedade política, cuja lembrança saciou a sede de argumentos de pensadores como Jacques-Bénigne Bossuet (1627-1704). Celebrado como o "teórico do absolutismo", Bossuet se serviu fartamente de passagens do *Apologeticus* para demonstrar como os cristãos eram, desde os primeiros séculos, cidadãos exemplares, pacíficos, avessos a toda forma de sedição, já que sua fé carregava sempre um inabalável senso de obediência ao governo existente (*Politique*, 1 (6), p. 29-32). Sem dúvida, tratava-se de uma idealização. De fato, era um pouco mais que isso: Bossuet apropriava-se e adaptava argumentos antigos para justificar um regime político inteiramente moderno e católico. Todavia, se ele o fez, foi porque suas preocupações com o amor pela pátria e os princípios da unidade civil encontraram algum respaldo nas palavras do montanista.

Perpassado por questões políticas, o cristianismo foi, desde os primeiros séculos, povoado por cisões, instabilidades e conflitos. Realidade que se manteve, inclusive, após a conversão de Constantino. As primeiras décadas do século IV não representaram o triunfo de uma Igreja institucionalizada como um rígido bloco no poder. Por muito tempo depois, a situação das igrejas favorecidas nos anos de 320 e 330 seria revertida com facilidade. Houve períodos em que os arianistas, banidos no Concílio de Niceia, controlaram a corte imperial, deixando em minoria os partidários da Igreja Romana. "Desde que os apóstolos deixaram Jerusalém, em nenhum momento da história cristã uma única Igreja sustentou de modo plausível a lealdade de todos os fiéis, com a exclusão das instituições rivais" (JENKINS, 2013, p. 37). Nem mesmo após César confirmar qual era a doutrina oficial dos cristãos. Por volta de 350, cerca de metade dos cristãos seguiam os ensinamentos condenados como heréticos pelos bispos reunidos nos concílios do imperador. "Em perspectiva histórica, o mundo dividido sectariamente não é uma circunstância excepcional para os cristãos; ao contrário, é uma regra convencional" (JENKINS, 2013, p. 37).

O chefe das casas de Deus

Todavia, é preciso ser cauteloso com o significado atribuído ao adjetivo "político". Quando alguém escreve sobre a dimensão política do cristianismo não é incomum que suas palavras sejam lidas como referências automáticas a assuntos que lembram um Estado moderno. Não são poucos os que aí enxergam, sempre e por toda parte, alusões a questões de soberania, burocracia, centralização do poder, monopólio da violência, arrecadação de impostos. Como se tais aspectos fossem uma fórmula universal e inalterável escondida por trás da ideia de "político".

Aos olhos de muitos, este teria sido o principal impacto da virada constantiniana sobre a antiga *Ecclesia*. Capturadas nas malhas do poder governamental, as comunidades cristãs foram envolvidas em um processo de centralização que favoreceu a Sé localizada na capital do Império: Roma. Alçado ao primeiro plano das relações públicas imperiais pela conversão de Constantino, o bispo romano teria transformado sua origem apostólica na razão para comandar as demais igrejas. Porque exercia a autoridade que um dia pertenceu a Pedro, o primeiro apóstolo, aquele prelado teria primazia sobre todos os demais. Nascia uma espécie de soberania clerical, quase como a pedra teológica que sustentaria uma teoria política da organização eclesiástica desigual, hierárquica. Era questão de tempo até que os papas expandissem e racionalizassem sua nova posição institucional. Entre os pontificados de Dâmaso I (305-384) e de Gregório I (504-604), o clero papal trouxe à vida sofisticadas teorias sobre a ordem dos poderes neste mundo, no qual fincaram sua presença, ocupando o lugar deixado pelo poder imperial, que agonizava com o avanço das invasões bárbaras.

Tendo caminhado entre os homens com os pés de um pescador palestino, o papado calçava agora as suntuosas e pesadas sandálias do Estado. Gradativamente, o bispo romano se fez juiz e governador das populações italianas. Seu perfil era o do "clérigo de carreira, um agente implacável do poder que não hesitava em mobilizar a seu favor a polícia da cidade e as multidões cristãs" (DUFFY, 1998, p. 29). As finanças papais respondiam pelos carregamentos de trigo que abasteciam os subúrbios, pelo ouro que comprava as tréguas inseguras e abrandava a fúria dos saqueadores e invasores. As basílicas se tornaram centros coletores da tributação e da legislação irradiadas sobre o núcleo urbano e seu entorno rural. Em redor da Igreja de São João de Latrão surgiu um complexo palaciano, onde suntuosas audiências decidiam sobre a punição de crimes, a cunhagem de moedas, o pagamento das guarnições. Enfim, a forma habitualmente empregada para descrever a posição política dos pontífices prova que os "estudiosos tendem a saudar a nova e pública posição dos bispos após Constantino como abrindo o caminho para a ascensão do papado" (RAPP, 2005, p. 8).

Mas, quando lidamos com a formação da autoridade papal, o conceito de "político" deve ser outro. A ascensão da Igreja Romana a partir do século IV, de fato, ocorreu. Porém, não como uma instituição que progressivamente se infiltrou nos espaços públicos e tomou gosto por prerrogativas estatais. A projeção política dos sucessores de Pedro se deu através de padrões de conduta mais tradicionais, menos semelhantes à realidade de um mundo com chefes de governo. Ao invés de pensarmos no crescimento de um governo eclesiástico excepcional, deveríamos prestar atenção às estratégias empregadas pelos bispos romanos para basear seu comando sobre a vida doméstica cristã. Em uma época controlada por aristocratas, quando sangue, virtude e honra eram mandamentos de poder, o grande desafio para a implantação de uma liderança era "persuadir a comunidade de cristãos italianos excepcionalmente ricos e de *status* elevados a confiar em seu julgamento para conduzir algumas das questões mais centrais da família, do casamento, das relações sexuais e da escravidão a uma administração adequada" (SESSA, 2013, p. 1).

Em outras palavras, o governo da vida doméstica foi o principal modelo político adotado pelos sucessores de Pedro. O argumento resume a tese recentemente lançada pela historiadora Kristina Sessa. De maneira convincente, ela demonstra que, "para estabelecer sua reputação como líderes espirituais fortes, os bispos romanos tiveram que convencer seus congregados, incluído seu próprio clero, de que possuíam uma perícia especial na arte e na ciência da gestão familiar" (SESSA, 2013, p. 1). Porém, não nos deixemos levar pelo sentido imediato de expressões como "vida doméstica" e "gestão familiar". Ao contrário do que sugerem à primeira vista, elas não diminuem a magnitude política da autoridade dos papas. Defender esse ponto de vista não significa reposicionar os pontífices em um palco menor da história, como se os confinássemos a espaços prosaicos e cuja relevância apenas resvalava o governo das cidades ou das províncias.

Em sociedades como aquelas que bordejavam o Mediterrâneo antigo, os ambientes domésticos colocavam em jogo recursos materiais e políticos cruciais. A esfera familiar "era, de fato, uma instituição altamente masculina, a unidade primária de produção e poder do Império e o reino moralmente mais revelador do caráter e das capacidades dos líderes" (SESSA, 2013, p. 2). Era um verdadeiro sistema social, a um só tempo retórico e prático, no qual a justiça e a religião efetivamente regiam os comportamentos e os patrimônios. Os gregos nomeavam tal sistema como *oikonomia* (οἰκονομία). Ao executá-lo com maestria, as elites antigas provavam possuir a aptidão para ocupar as magistraturas e os ofícios da administração urbana, provincial e imperial. Diversos pensadores romanos concebiam o governante ideal como o indivíduo capaz de aplicar na vida pública o talento comprovado na condução dos assuntos domésticos.

Era a esfera doméstica que proporcionava o entrosamento concreto entre a ética e o governo. Ela era o terreno da existência social no qual era semeado e cultivado o discurso da autoridade masculina. É preciso estar atento a esta ideia. No final do mundo clássico, os homens acatavam a vontade de outro homem segundo uma lógica singular: eles obedeciam a ele não porque o enxergavam como o representante dos anseios do povo ou o único eleito de Deus. Com grande frequência, eles se subordinavam porque o reconheciam como um venerável *pater familias*, o "pai da família". A autoridade era encarnada por quem dava provas de manter a ordem e fazer prosperar, acima de tudo, quatro domínios de atividades humanas: os patrimônios materiais, as relações de parentesco e dependência, a supervisão ética e o cuidado religioso.

O primeiro deles exigia a firme posse de grandes extensões de terra, sobre as quais o trabalho de diferentes grupos sociais sustentava uma produção agrícola em larga escala. Pequenos proprietários de elevado estatuto jurídico, colonos instalados por arrendamento, escravos: era preciso saber lidar com todos eles. Para explorá-los, o *pater familias* contava com um escalão de intermediários: notários, oficiais de administração, capatazes, guardas. Os domínios domésticos incluíam propriedades e instalações urbanas, cuja conservação e melhoramento demandavam atenções constantes. Tratava-se de um patrimônio vasto, nem sempre unido pela contiguidade territorial e preenchido por construções de diferentes tipos, tamanhos e finalidades (SESSA, 2013, p. 35-50).

O ordenamento das relações de parentesco e de dependência tampouco era tarefa simples. O senhor da casa era o elo vital que mantinha unida uma complexa hierarquia, na qual indivíduos separados por uma grande distância social conviviam lado a lado. Da base ao topo, do tratamento devido aos escravos às bênçãos nupciais dos próprios filhos, o líder doméstico deveria manejar todas as tensões. Muito antes de ser exaltado como sacramento, o matrimônio despertava dilemas que os bispos de Roma se empenharam para transformar em matérias que apenas eles podiam resolver. A realidade dos tempos de guerras oferecia alguma conveniência a este propósito. Em meio aos ataques e à pilhagem, o sequestro de mulheres generalizava-se. Considerando o cativeiro como definitivo ou como uma pena de morte, um número crescente de cristãos contraía novos casamentos, sendo que as primeiras esposas ainda estavam vivas. Não é difícil imaginar o emaranhado de problemas que casos assim traziam para momentos cruciais da vida antiga, como a procriação, a herança, as alianças entre famílias (SESSA, 2013, p. 130-147).

Não era menor o desafio de definir o lugar dos escravos dentro de uma casa cristã. Privações, proveitos sexuais, mutilações: a escravidão atirava contradições aos textos do Novo Testamento, especialmente se os cativos fossem cristãos. Mas, movendo-se entre os sermões da Quaresma, as advertências das punições após a morte e o conhecimento das leis romanas, os papas ofereceram um modelo capaz de conciliar as exigências religiosas e a preservação do trabalho escravo (SESSA, 2013, p. 148-160). A manutenção da casa, no entanto, não era assegurada somente por cativos. A vida doméstica das elites envolvia um grande número de criados. Juridicamente livres, eles esperavam que o chefe familiar lhes proporcionasse proteção e segurança material. O senhor da casa tinha o dever de alimentá-los, oferecer cuidados médicos e funerários e até resgatá-los da prisão ou do recrutamento militar forçado. Em troca, os criados ofereceriam uma lealdade atroz, que ultrapassava as rotinas de trabalhos: dentro ou fora da casa, bastava ouvir alguém ofender o seu senhor e muitos deles se engalfinhavam em brigas sangrentas.

O êxito pode ser explicado pela habilidade dos bispos romanos de se fazerem ouvir como porta-vozes de um tradicional código de ética patriarcal. Para grande parte das elites latinas, ouvir a exaltação papal da piedade (*pietas*), da castidade (*castitas*) e da moderação (*moderatio*) era como escutar seus veneráveis antepassados. Combinados, os três valores fundamentais formavam um poderoso ensinamento de obediência. E tal como os antigos pais, os líderes da Igreja Romana sabiam que tal princípio de vida não devia ser cultivado apenas com palavras. O meio mais eficiente para modelar uma personalidade à imagem e semelhança daquelas virtudes romanas era uma rigorosa educação corporal. Glorificada nos mosteiros, a ascese cristã preservaria algo em comum com a moralidade dos ambientes domésticos romanos: os banquetes, o consumo excessivo de vinho, a rendição aos apetites sexuais eram marcas de degenerescência e indignidade. Quem permitia isso sob seu teto fracassava no exercício da autoridade, fosse cônsul, abade ou pontífice (SESSA, 2013, p. 69-74).

Por fim, desde tempos imemoriais os romanos tomavam as próprias casas como o local onde as principais responsabilidades do culto aos deuses deveriam ser cumpridas. A função litúrgica era parte intrínseca da esfera doméstica. Por isso, os ambientes familiares envolviam a edificação de espaços de devoção, tais como construção de altares, santuários, tumbas monumentais. As cerimônias realizadas pelo clero papal durante os séculos IV, V e VI não eram ritos exclusivistas, circunscritos apenas ao espaço das igrejas. Eram modelos, exemplos a serem imitados nos lares romanos. Afinal, "em muitos aspectos, a Cristandade não transformou fundamentalmente a prática da religião doméstica" (SESSA, 2013, p. 55). Muitos convertidos consideravam seu legítimo privilégio trazer a adoração a Cristo para dentro de suas casas e integrá-la aos ritmos tradicionais das celebrações domésticas.

Os pontífices exerceram uma autoridade diferenciada reproduzindo como poucos as exigências e regras das elites patriarcais mediterrânicas. Nos últimos séculos do mundo antigo, se outros bispos os obedeciam não era porque os enxergavam como líderes estatais ou soberanos, mas porque viam em suas ações e em sua retórica a *patria potestas*, ou seja, o "poder paternal". Os prelados romanos fizeram da administração doméstica "um espaço social sobre o qual eles, idealmente, deveriam exercer uma forma de controle mais exata e invasiva" (SESSA, 2013, p. 206). Eles concebiam os desentendimentos e as violações nos assuntos familiares como oportunidades para intervenções diretas sobre o cotidiano de fiéis tanto quanto de clérigos. Afinal, as igrejas eram as "casas de Deus". Graças a esta lógica, o chefe da Igreja Romana obteve a subordinação dos mais de 150 bispados que integravam o centro da Península Italiana. Assim ele exerceu uma efetiva supervisão sobre centenas, se não milhares de clérigos latinos, politicamente convertidos em seus irmãos e filhos.

Antes de recair sobre os indivíduos, o poder dos papas reivindicava a capacidade de interferir na esfera doméstica. Foi através da autoridade reconhecida sobre esse ambiente que os bispos de Roma governaram clérigos e laicos. Não por meio de um assalto à esfera pública ou de um gosto pelas funções estatais.

A utopia do público

A imagem do Cristianismo Primitivo apolítico não é uma ideia fora do lugar. Ela cumpre uma função. A de embasar a convicção de que todos nós perdemos muito quando deixamos Igreja e Estado se confundirem. Com ela, o século IV ganha um tipo de clareza brutal, amedrontadora. A Era de Constantino torna-se um ponto de virada quase absoluto, a passagem traumática de uma época da inocência para o tempo de uma exploração política perversa, escondida sob a camuflagem de uma Igreja/governo que cuida das almas. Para o Estado teria sido a corrupção cívica. Para a religião, um pacto diabólico. Sob este prisma, os três primeiros séculos da religião cristã narram a história de um mito inteiramente moderno. Ou melhor, de uma **utopia** moderna.

Composta a partir do grego por *Sir* Thomas More (1478-1535), em 1516, a palavra utopia revela um dos principais sentidos por trás desta forma de pensar e ensinar o passado cristão. Vejamos.

Em 1503, o navegador italiano Américo Vespúcio (1454-1512) publicou uma série de relatos sobre o contato com as terras e povos das Índias Ocidentais. Mas, na contramão de muitos de seus contemporâneos, Vespúcio tinha certeza que aquelas franjas continentais eram inteiramente desconhecidas, inéditas, um "Mundo Novo" (*Mundus Novus*). Fascinado pela leitura dos relatos dos navegadores ibéricos, More imaginou que a sociedade ideal habitava uma daquelas porções de terra que o imenso oceano escondera dos europeus. Em um daqueles rincões do globo, a sociedade perfeita existia. E ela estava localizada em uma ilha fantasiosa, chamada *Utopia*. Em 1516, o pensador inglês concluiu o livro que faria a imaginação do leitor perambular pelas ruas de uma ilha fantástica e vislumbrar o invejável modo de vida dos utopianos, bem como sua geografia, costumes, formas de trabalho, leis, instituições. Os contemporâneos de More se viram diante da descrição de um estilo de vida em tudo superior ao da Europa, onde grassava a corrupção, a imoralidade e a loucura.

Em todas as edições contemporâneas, a obra de More carrega o título *Utopia*. Mas, não foi assim que o autor nomeou o próprio livro. Na capa que cobria o maço de páginas publicadas no século XVI lia-se *De optimo reipublicae statu deque nova insula Utopia*, ou seja, "Sobre o melhor estado de uma república e sobre a nova ilha de Utopia". Este detalhe ajuda-nos a não perder de vista que a sociedade imaginada pelo humanista era uma sátira política da Inglaterra de então. Trata-se de um pensamento engajado na busca pela correta ordem pública e a fórmula de sua preservação social. Ao descrever Utopia, More pintou o modelo da república ideal. Modelo que gerações seguintes tentariam colocar em prática.

Um dos segredos da perfeição utopiana era, segundo More, a presença comedida da religião nos lugares de interação comum. A vida religiosa em *Utopia* possuía aspectos que lembram a descrição estereotipada do Cristianismo Primitivo. Entre seus habitantes reinava a pluralidade de interpretações teológicas, que coloria os magníficos templos com uma variedade de cultos e ritos. Entretanto, a diversidade das práticas não ameaçava a unidade da fé. Na ilha, todos os caminhos religiosos levavam a um mesmo fim, a adoração da natureza divina. Embora heterogêneas, as crenças formavam um conjunto espiritual – tal como muitos julgam ter sido a realidade histórica dos cristãos dos primeiros séculos (MORE, 1975 [1613], p. 233-245).

Na sociedade imaginada por More, os cultos não eram assuntos públicos. Não sofriam pressões por uma padronização ou uniformização impostas de cima, do alto dos escalões governamentais. As liturgias eram espontâneas, únicas como o convívio familiar. Cada um celebrava em sua própria casa os mistérios da devoção. Os cultos comuns, aqueles que as multidões seguiam nos templos, não poderiam contradizer as celebrações domésticas.

A avaliação das culpas e do perdão não eram prerrogativas clericais. Em certo mês, pouco antes de deixarem suas casas para ir ao templo, as mulheres prostravam-se diante de seus maridos; as crianças, aos pés de seus pais. Assim confessavam os erros, as omissões e os atos maléficos, encontrando absolvição dentro da própria família (MORE, 1975 [1613], p. 233-245).

Homens de santidade perfeita, os padres eram poucos. A hierarquia que os regia era simples e não se estendia além do âmbito local – como, supostamente, ocorreu durante o Cristianismo Primitivo. Em cada cidade de Utopia havia 13 sacerdotes, subordinados a um pontífice. Todos escolhidos pelo povo. Sua autoridade era limitada. Podiam aconselhar e repreender, mas nunca aprisionar ou punir, pois eram atribuições dos oficiais e magistrados da República. As penas que podiam decretar eram de ordem espiritual e a mais temida era a excomunhão, pois enquanto ela pesasse sobre os ombros de alguém, esta pessoa não teria acesso algum à essência divina. O clero utopiano assumia a responsabilidade da educação infantil, sob o compromisso de transmitir as virtudes e os princípios úteis à conservação do Estado (MORE, 1975 [1613], p. 233-245).

A separação entre Estado e Igreja fazia de Utopia não apenas a melhor, mas a única sociedade onde florescia a justiça republicana. Pois lá, o interesse geral, do qual se ocupa o governo, não era corrompido pelos interesses sectários.

Lá a simplicidade da religião e a integridade da causa pública equilibravam-se. E precisamente este equilíbrio impedia que os valores de poucos tomassem o espaço do bem comum.

Na ilha desenhada pela imaginação de More, as pessoas eram felizes e prosperavam porque, entre outras razões, havia uma distância entre assuntos da religião e prerrogativas de estado. Esta imagem se tornou um dos maiores sucessos literários do mundo moderno. Seus contornos fundaram uma forma de pensamento político que fornece uma resposta para um grande enigma: quais caminhos levam à harmonia e à justiça social? Segundo More, o itinerário passa, necessariamente, pela separação entre a Igreja e o estado.

No entanto, há algo de ambíguo neste tipo de pensamento. Embora projete uma espécie de antimundo, fazendo leitores sonharem com uma realidade que se moveria na contramão de seu destino, ele provoca a experiência de perda. *Utopia* não é somente uma história que nós, ocidentais, desconhecemos. O livro não fala apenas sobre aquilo que não temos. Ele é um lamento sobre capacidades perdidas, sobre como desaprendemos a manter certos valores e comportamentos essenciais à República. A ilha é uma sociedade paralela e, ao mesmo tempo, uma espécie de reminiscência: ela é um recanto, um pedaço de mundo cuja pureza foi preservada da decadência por distâncias oceânicas. O isolamento manteve os utopianos politicamente jovens, intocados pela decadência que varreu os demais povos. A narrativa de More é uma lição sobre o elo perdido da perfeição republicana (MARTINS, 1998). O conceito de Cristianismo Primitivo cumpre a mesma função: fazer ver uma idade de ouro corrompida; uma época dourada perdida, mas que já foi nossa.

A crítica severa pela deformação religiosa deste estado político ideal entrou para a escrita da história pelas mãos do iluminista Edward Gibbon (1737-1794). Escrevendo em 1781, Gibbon publicou um ensaio com "observações gerais sobre a queda do Império Romano no Ocidente", estabelecendo o tom com o qual encerraria a monumental obra *The History of the Decline and Fall of the Roman Empire* ["A história do declínio e queda do Império Romano"]. Parlamentar inglês, o autor pensava o fim da Antiguidade sob o eco da guerra de independência movida pelas 13 colônias britânicas na América – luta que ele reprovava com virulência. Em boa medida, o modo como ele narrou o declínio do Império Romano retratava a atmosfera melancólica que a independência dos Estados Unidos havia criado para um defensor da soberania do Império Britânico. Inspiradas por esse sentido trágico, as páginas compostas por Gibbon influenciariam a visão de mundo de gerações de historiadores e intelectuais.

"Podemos ouvir sem surpresa ou escândalo que a introdução, ou ao menos o abuso da Cristandade, teve alguma influência no declínio e queda do Império Romano", afirmava Gibbon com uma certeza implacável. O clero, dizia ele, pregou sua doutrina com tal êxito que "as virtudes ativas da sociedade foram desencorajadas; e o restante do espírito militar foi enterrado no claustro: uma imensa porção de poderio público e privado foi consagrada às constantes demandas da caridade e da devoção". O espírito que fizera dos romanos os senhores do mundo mediterrânico foi quebrado pelo cristianismo, que glorificava a perda e a submissão ao exaltá-las como abstinência e castidade. O pior veio a seguir: a religião encapsulou a esfera pública dentro de uma "correta ordem dos assuntos cristãos", mas não lhe assegurou qualquer unidade. A intromissão da fé nos assuntos governamentais dividiu ainda mais o Império em rivalidades encarniçadas. As pessoas não mais estabeleciam laços cívicos. Elas não se comprometiam mutuamente em assembleias populares ou juravam a defesa da pátria, pois já não se viam como cidadãos, mas como ovelhas de um Deus morto (GIBBON, 1846, p. 440).

Áspero, Gibbon continuava. "Fé, zelo, curiosidade e mais paixões terrenas como a malícia e a ambição ascenderam a chama da discórdia teológica; a Igreja, e mesmo o Estado, foram desmembrados em facções religiosas." As desavenças eram cruentas, pois o que estava em jogo era nada menos que o nome de Deus. Uma nova espécie de tirania caiu sobre o mundo romano, pois os cristãos, antes perseguidos, eram agora "inimigos secretos de seus povos". Os antigos padrões políticos eram relaxados e substituídos pela indolência e pelo louvor ao espírito subalterno, azeitando a dominação de uma nova elite: "os bispos, a partir de 1.800 púlpitos, inculcavam o dever da obediência passiva a um soberano ortodoxo e legítimo; [...] o benevolente temperamento dos Evangelhos foi fortalecido pela aliança espiritual dos católicos". Não espanta, concluía o iluminista, que as tribos bárbaras tenham selado a queda do poderoso colosso romano: após Constantino, o Império entrou em uma "era servil e efeminada" (GIBBON, 1846, p. 441).

O ideal da separação entre Igreja e Estado tornou-se uma das heranças mais caras deixadas pelo século XVIII. O pensamento republicano, as doutrinas liberais, as correntes socialistas, o marxismo, o anarquismo: à sua maneira, mas com diferentes ênfases, todos eles se empenharam pela concretização desta utopia política. Quando se deparavam com o que julgavam ser uma reminiscência ou um recrudescimento de um governo eclesiástico, os partidários da visão iluminista desembainhavam suas críticas para lembrar que o poder dos sacerdotes não era apenas uma ameaça à ordem pública, mas uma degeneração do próprio exemplo originário da religião cristã.

"Esta terrível revolução pode ser aplicada de modo útil para a instrução da presente época" (GIBBON, 1846, p. 441). Esta frase toca no cerne do que discutimos neste capítulo. Tal como a sociedade utópica de Thomas More, o estereótipo do Cristianismo Primitivo vai além do discurso sobre uma realidade possível ou superada como passado. Ele atiça um desejo de futuro. Através dele, o inconformismo com uma situação atualmente vivida e a esperança por transformá-la se misturam formando uma mensagem: a história demonstra que é possível cultivar uma religiosidade pura, inocente, que não se envolva em assuntos de estado. Todos somos herdeiros deste passado. Esta experiência ancestral é um legado de nossos antepassados e, como tal, pode ser reintegrado aos dias atuais. Mirando o exemplo deles, nossa época poderia recolocar a vida social no rumo de dias melhores. E a principal garantia dessa redenção seria a separação entre Igreja e Estado, que redimiria a corrupção da religião e a deformação da esfera pública.

Juntos, os conceitos de Cristianismo Primitivo e de Virada Constantiniana mantêm viva uma utopia iluminista sobre o espaço público.

3

A Reforma Gregoriana ou o mito do Estado involuntário

> *Qual o cancro que dia a dia nos devora? Toda gente que vê, toda gente que pensa põe o dedo na chaga e conclui: a descrença! Se o mal vem da descrença, ataque-se a questão! Religião, Senhor e mais religião!*
> Guerra Junqueiro, 1915.

Em meados dos anos de 1920, os tradicionalistas lamuriavam uma certeza inquietante: a ordem pública estava condenada. Alguns verões se passaram desde os últimos disparos da guerra iniciada em 1914. A paz havia sido imposta, as populações tentavam encontrar a normalidade. Mas o mundo era outro, irreconhecível para quem não abria mão dos valores e ideais transmitidos pelos pais e avós. Politicamente, reinava a incerteza. "Não podia ser diferente", pensavam os defensores da tradição, "ninguém mais reconhece a autoridade". Os reis eram enxotados da vida pública.

Na Alemanha, por exemplo, o *Kaiser* Guilherme II (1859-1941) renunciou em meio a grande relutância. Derrotado por franceses, ingleses e norte-americanos, em novembro de

1918, o país estava encurralado pelos aliados e em contagem regressiva para a guerra civil. Ainda assim, Guilherme hesitava. Ele pensava em "renunciar ao trono imperial, mas não abdicar como rei da Prússia e permanecer, como tal, com minhas tropas" (GUILHERME II, 1922, p. 286). O soberano estava disposto a sacrificar vidas alemãs para manter a coroa.

Mas, antes que ele tomasse a desastrosa decisão, que acenderia o pavio de uma explosão social, o chanceler Max von Baden (1867-1929) se antecipou e anunciou publicamente a renúncia de ambos. Guilherme fugiu para a Holanda.

O herdeiro de um império outrora temível teve sorte de escapar da responsabilidade de assumir a "culpa exclusiva pela guerra", conforme queriam os vencedores. Na França, referiam-se a ele como um carniceiro detestável, um assassino de multidões inteiras. Na Inglaterra, terra natal de sua mãe, o primeiro-ministro falava em enforcá-lo. Educado para tutelar o destino de milhões, Guilherme se viu transformado em um expatriado, um exilado que se dedicava à caça e, especialmente, à arqueologia. A emudecida lealdade dos mortos parecia ser tudo o que lhe restava. Genioso, impaciente, convencido da invencibilidade dos generais germânicos, o *Kaiser* deixou para trás um país humilhado e à beira da catástrofe financeira. Ainda assim, muitos pensavam: as piores tristezas ainda estão por vir, agora que a Alemanha se tornou uma terra sem rei!

Mas foi a Rússia que se tornou o maior símbolo do desespero experimentado pelos tradicionalistas. Em março de 1917, o Tzar Nicolau II (1868-1918) abdicou. O imperador de sobrenome Romanov foi incapaz de estancar a hemorragia de vidas russas. Seus súditos tombavam aos milhões, vitimados pela guerra, fome e miséria. Em agosto, o monarca, sua família e alguns serviçais foram transferidos pelo Governo Provisório para a gélida cidade de Tobolsk, na Sibéria. Embora mantivesse a digna aparência de exilado, Nicolau era um prisioneiro. Contudo, um destino mais sombrio o aguardava. Em outubro, um movimento revolucionário revirou a política. Empurrados pelas massas, os bolcheviques, socialistas liderados pelo revolucionário Vladimir Lenin (1870-1924), cercaram a capital e declararam o controle proletário sobre a Rússia. Quase um mês depois de obter a paz com os alemães e retirar o país da Primeira Guerra Mundial, o novo governo transferiu os Romanov para a cidade de Yekaterimburg.

Em junho de 1918 a guerra civil se alastrou. Monarquistas, republicanos, anarquistas: todos se lançaram em uma corrida sangrenta para derrubar o governo soviético. Temendo pelo resgate da família real, os bolcheviques expediram uma ordem fatal. Na madrugada de 17 de julho, Nicolau, a esposa, as quatro filhas e o herdeiro caçula foram acordados de supetão. Afoitos, mas altivos, vestiram-se às pressas. Acompanhados do médico pessoal e outros três serviçais, eles foram conduzidos ao porão, até um quarto abafado e sem mobília. Perfilados de costas para uma parede escura, ouviram o motor Fiat de um caminhão rosnar do lado de fora da casa. "Seremos transferidos mais uma vez" – pensaram. Alguns instantes se passaram até que o som de coturnos pisando duro ecoasse da escada. Um agente da polícia secreta soviética entrou, seguido por um grupo fortemente armado. Ele parou em frente ao tzar e desdobrou um papel que trazia no bolso. Quando o homem terminou de ler a ordem de execução, um Nicolau atordoado mal teve tempo de gaguejar "O quê? O quê?" antes de ser fulminado no peito. De repente, todos os homens no quarto começaram a atirar. Em meio à névoa de pólvora queimada criada pelos disparos a esmo, Nicolau foi alvejado na cabeça e no tórax, diversas vezes. Em seguida, a imperatriz teve o crânio arrebentado por um tiro. As filhas foram abatidas a golpes de baioneta e seus corpos rolaram para o chão sobre a urina e o vômito provocados pelas cenas traumáticas que acabavam de testemunhar. Coberto por respingos de sangue, o caçula desfaleceu após ter a têmpora vazada por um balaço de pistola Colt. O último rei e governante ortodoxo russo terminou abatido como desertor imprestável, numa "orgia assassina" (RAPPAPORT, 2010, p. 253-266).

Guilherme e Nicolau eram primos. Mas, em 1918, eles se tornaram símbolos de uma realidade política moribunda. Antes declarados criações divinas, os impérios morriam. A civilização dos fardões amedalhados, governada pelos "bem-nascidos" e guiada para um futuro por ilustres linhagens, era fumaça dos tempos. Os poderes antigos, tão remotos que pareciam existir desde sempre, eram descartados sem a menor cerimônia. O feito de reinar desde 1613 de nada valeu aos Romanov. A Áustria era outro exemplo. Embora o Império Austro-húngaro tenha surgido em 1867, o sobrenome Habsburgo, carregado pelo jovem Rei Carlos I (1887-1922), era obedecido naquelas regiões desde o longínquo ano de 1278. Contudo, pensavam os tradicionalistas, aqueles eram tempos assustadores. Pois a política exibia um desprezo ultrajante pela história. Aquele respaldo dos séculos desapareceu perante a série de desastres enfrentados pelo exército austríaco nos Bálcãs. Além disso, o crescente anseio dos súditos por viverem sob uma república deixara o povo sem memória: a monarquia era tratada como regime comum, do qual se poderia abrir mão a qualquer momento. Herdeiro de uma estirpe que atravessou séculos e mais séculos, Carlos renunciou ao posto de chefe de Estado no mesmo mês em que o *Kaiser* abdicou. Com o Império vencido, desmembrado e assolado pelo endividamento da guerra, Carlos fugiu para a Suíça e, pouco tempo depois, para a Ilha da Madeira, onde se rendeu ao abraço letal da pneumonia.

Os cristãos não eram os únicos a sofrer a sina daqueles tempos. Fundado no século XVI, o Império Otomano foi esquartejado. Aliados dos alemães, os otomanos pagaram um alto preço pela derrota. Forçados a acatar os termos do Tratado de Sèvres, em outubro de 1920, os islâmicos perderam todos os territórios europeus, com exceção de Constantinopla. Além disso, as províncias orientais na Palestina, na Síria, no Líbano e no Iraque foram repartidas por ingleses e franceses como espólio da vitória. A própria Turquia, centro do Império, foi retalhada em diversas zonas de influência controladas por italianos, armênios, gregos. Esta subjugação perante tantos estrangeiros – sendo alguns deles rivais históricos, como os gregos – levaria os turcos a travar uma guerra acirrada pela independência entre 1919 e 1922.

Para os tradicionalistas, o fim dos impérios era o alerta maior de que a vida pública estava desmoronando. As instituições estavam desacreditadas; a ordem, espatifada; a lei, desacatada. O resultado de tudo isso estava nas praças, nas ruas, em todos os jornais; podia ser testemunhado por qualquer um: a Europa "se tornara um monte de explosivos sociais prontos para ignição" (EVANS, 2010, p. 66). A revolta social alastrava-se. Apesar de certa estabilidade na geração de empregos, assegurada por um crescimento industrial partilhado por vencedores e vencidos na Grande Guerra, a desvalorização monetária galopava desde meados de 1921. As moedas nacionais perdiam valor rapidamente. Em janeiro de 1923, os alemães pagavam 163 marcos por 1kg de pão de centeio. Em outubro, quem quisesse ter a mesma porção de pães em sua mesa precisava desembolsar cerca de 9 milhões de marcos. Trinta dias depois, eram necessários 78 bilhões para ter o mesmo alimento (EVANS, 2010, p. 153). O dinheiro parecia ter se tornado ficção, uma brincadeira diabólica. As cifras não faziam sentido. A inflação, entretanto, era dolorosamente real.

A renda média do trabalhador era diluída. Todo o poder de compra mensal escoava-se em uma única ida ao mercado ou à loja mais próxima. Em diferentes partes da Europa, o sustento diário era incerto. Operários recebiam mantimentos como salários. O desemprego avançou em compasso acelerado. A corrupção do funcionalismo público andava de mãos dadas com uma criminalidade crescente, principalmente nas áreas urbanas. Como reação, movimentos trabalhistas organizados deflagraram greves com uma frequência inquietante.

Entre os anos de 1919 e 1920, o norte da Itália foi tomado por paralisações. Fábricas em Turim, Milão e Gênova – o rico triângulo industrial da península – foram ocupadas e a produção, assumida por conselhos operários. Em Glasgow, na Escócia, aproximadamente 40 mil trabalhadores cruzaram os braços em 1919. Em pouco tempo, sua reivindicação de quarenta horas semanais de trabalho se espalhou por toda a região, uma das mais populosas e industrializadas da Grã-Bretanha, atraindo milhares de mineiros e veteranos de guerra para os protestos. Em questão de anos, as greves setoriais saltaram para o patamar de greves gerais. Com palavras de ordem anarquistas e socialistas, milhões de operários paralisavam não apenas a produção industrial, mas metrópoles. Inspirados no triunfo de Lenin sobre as oligarquias russas, alguns movimentos pegaram em armas contra o regime político de seus países: Alemanha e Bulgária, em 1923; Indonésia, em 1926; China, 1927.

Se em agosto de 1914 os governantes das grandes potências cavaram o abismo da guerra isentos de pressões populares (MAYER, 1987, p. 311), agora, uma década depois, os Estados transpiravam o descontentamento das massas. Para aqueles que se agarravam às tradições, o liberalismo político era um dos vilões por trás do enfraquecimento dos regimes de governo. Aos seus olhos, a ideia de sujeitar o Estado às autonomias individuais havia criado toda a crise: as nações passavam a ser regidas por opiniões medianas, formadas por um amontoado de vontades expressadas, de tempos em tempos, por eleições universais. Os cargos públicos já não eram ocupados pelos "melhores homens", mas leiloados nas praças a lances baratos de promessas populares. O voto era barganhado por vantagens materiais, simplórias, imediatas. Não havia visão de longo prazo ou preocupações de conjunto. Visto através dos olhos tradicionalistas, o mundo inquietava. O espectro do caos estava por toda parte.

Outra temível novidade era defendida pelo liberalismo político: a secularização da vida pública, começando pela educação. Não bastasse serem governadas por um somatório caótico de vozes que se diziam "o povo", as nações exorcizavam o espírito cristão de suas leis e instituições com a mesma rapidez com que expulsavam os imperadores. Toda aquela destruição e instabilidade eram os terríveis efeitos de condutas como o do austríaco Georg Ritter von Schönerer (1842-1921), parlamentar que se declarava pagão em público. Ao menos era isso o que pensava Sua Santidade,

Bento XV (1854-1922): "se examinarmos o estado da moral pública e privada, das constituições e leis das nações, nós encontraremos que é geral [...] um gradativo afastamento do rigoroso padrão da virtude cristã e que os homens retornam mais e mais para as vergonhosas práticas do paganismo" (BENTO XV. *Humani Generis Redemptionem*, 1917). A separação entre clérigos e laicos desapareceu. E com ela, todos os demais limites para as condutas coletivas. Com os povos cruzando todos os limites antes demarcados pelo rei, pela Igreja e pela lei, a "correta ordem das coisas" implodia.

A Igreja Romana se opunha aos herdeiros políticos do Iluminismo. Ela condenava as repúblicas liberais, os partidos socialistas, os grupos anarquistas e, sobretudo, aqueles que ela encarava como as criaturas mais horripilantes do modernismo: os ateus comunistas. Liberais, anarquistas e comunistas viam-na como uma velha barricada que teimava em se manter de pé contra o progresso da civilização. A Santa Sé enxergava a si mesma como o bastião da ordem em um mundo instável e materialista. Como tinha anunciado o Papa Leão XIII (1810-1903) na Encíclica *Rerum Novarum*, só o catolicismo detinha a fórmula correta para corrigir e renovar a vida social em meio a uma época tão turbulenta. A menos que o papado fosse ouvido, seria tarde demais. A vida pública seria devorada pelas agitações de multidões com voz política, pelos sopros de destruição da violência generalizada e pelos desmandos econômicos das elites.

Em 1924, respirando esta atmosfera de inquietação, um historiador francês se virou para a Idade Média com uma tese muito simples: a história dava razão ao alerta dos papas.

Idade Média, mestra política

Filho de advogado, educado no catolicismo militante, Augustin Fliche (1884-1951) concluiu sua tese de doutorado nos estudos históricos em 1912. As 600 páginas dedicadas a explicar a monarquia francesa de finais do século XI fizeram dele um medievalista. Enquanto as balas da Primeira Guerra zuniam pelos campos europeus, a atenção de Fliche foi capturada por um personagem do século XI, o Papa Gregório VII (1020?-1085). De algum modo, a época daquele longínquo pontífice lembrava as tragédias da década de 1910. Aquele passado aparentemente remoto, recuado no tempo quase um milênio, tinha algo de familiar, de semelhante. Provavelmente, era o conflito em larga escala. Afinal, Gregório havia sido o protagonista maior da famosa "Querela das Investiduras". Esta pomposa expressão era usada pelos historiadores para dar nome à disputa travada entre o papa e o monarca do chamado Sacro Império Germânico, o jovem Henrique IV (1050-1106), pela prerrogativa de escolher quem ocuparia as funções episcopais.

Os bispos eram figuras de grande relevância na Europa feudal. As terras submetidas a suas decisões eram imensas. Quem ocupava aquela posição assumia uma autoridade que cobria dezenas de aldeias, castelos e cidades. A força ideológica dos bispos era tremenda. Eles eram os manipuladores do sagrado. Mais do que qualquer outro, estavam em contato direto com Deus. Suas mãos guardavam os mistérios da salvação das almas: nelas o pão e o vinho tornavam-se o Corpo e o Sangue de Cristo, fontes da vida; através delas os padres eram ordenados; eram elas que derramavam a graça divina sobre os ombros dos reis e lhes transmitiam as coroas; aquelas mãos redigiam a verdade e desmascaravam as armadilhas dos pecados e das heresias. Senhores de terras e sacramentos, de corpos e almas, os bispos exerciam uma influência decisiva sobre todos, desde o rústico camponês até o nobre mais poderoso. Por isso, os reis e, principalmente, os imperadores, empenhavam-se em controlar aquelas funções vitais, determinando quem as ocuparia (DUBY, 1994, p. 23-53).

Em 1074, diziam os historiadores, o papa comunicou um anúncio drástico, que não poderia ser desfeito: segundo as leis da Igreja, empossar um homem na condição de bispo era prerrogativa do pontífice, de mais ninguém. Os monarcas não mais poderiam investir parentes e aliados na dignidade episcopal, a não ser que fossem autorizados por Roma. O papa colocou suas mãos em um vespeiro político. Para as realezas, aquilo era ultraje. Uma ofensa petulante à natureza sagrada de seus coroados. Mais: aquela decisão mutilava a unidade dos reinos, pois afastava os bispos de sua majestade, impedindo-a de se servir da riqueza, da influência e da autoridade dos homens da Igreja. A discórdia logo estalou e o imperador foi quem protestou mais alto.

As advertências e ameaças trocadas por Gregório VII e Henrique IV rapidamente deram lugar a medidas mais graves. O papa excomungou o herdeiro imperial e o destituiu do trono. O imperador não deixou por menos. Reuniu um sínodo de bispos e, com o apoio destes, declarou o pontífice deposto, pois ele não passava de um impostor que tomou para si o lugar do apóstolo Pedro. Mas as sentenças não atingiram somente os dois adversários. Os aliados de Henrique, tanto quanto os partidários de Gregório, reagiram às ofensas. Com as noblezas arrastadas para o conflito, a guerra inundou o Império. E não demorou muito para que as expedições militares e as batalhas chegassem à Península Italiana.

Após impor sua paz dentro do reino, Henrique decidiu pegar em armas contra Gregório. Entre os anos de 1081 e 1084, as tropas imperiais cercaram Roma em diversas ocasiões. Na última delas, o papa só não caiu prisioneiro porque foi resgatado por aliados extremamente violentos e audaciosos. Em fuga, ele morreria no exílio. Os enfrentamentos, ideológicos e militares, se arrastariam por anos, tendo como palco os territórios das atuais França, Alemanha, Itália, Áustria, Polônia, Inglaterra. Protagonizada por um soberano alemão como o *Kaiser* e tendo assumido uma magnitude continental, a "Querela ou Luta das investiduras" pareceria ter sido um longínquo prelúdio dos conflitos do século XX.

Todavia, diferentemente de seus colegas historiadores, Fliche não acreditava que a Querela pudesse ser suficientemente explicada deste modo. O medievalista francês pensou de maneira inovadora: o grande conflito medieval era somente a parte mais visível de um processo histórico maior. O atrito entre papas e imperadores – ou, como se dizia no século XIX, a grande batalha entre o sacerdócio e o reino – eram as consequências trágicas de um audacioso projeto formulado em Roma. A cúpula dirigente da Igreja se meteu na espinhosa questão da investidura dos bispos porque precisava assumir o governo da Cristandade. O papado visava corrigir toda a sociedade, combater os vícios do clero, moralizar as condutas dos laicos, enfim, reformar a vida comum.

O projeto começou a ser gestado na década de 1040. E, como numa ironia histórica, foi uma intervenção imperial que o provocou. Na época, Roma era uma caldeira. A cidade estava dividida em três facções, todas empenhadas em esmagar as demais. Os assassinatos em plena rua e as casas saqueadas eram rotina. Isto porque cada romano tomava partido de um dos três eclesiásticos que reivindicavam o papado. Os pretendentes a sucessores do apóstolo tomaram os nomes de Bento IX (1012?-1055?), Silvestre III (1000?-1062?) e Gregório VI (?-1048). A existência de três pontífices lançou a cidade numa rivalidade de bandos. No redemoinho da disputa, devoção religiosa e lealdade política se misturaram, formando alianças intolerantes. Após receber uma embaixada romana, que suplicava pela pacificação, o imperador à época, Henrique III (1017-1056), atravessou os Alpes pouco antes do Natal seguido por uma coluna militar. Antes que o ano de 1046 terminasse, ele destituiu os três clérigos e, com o respaldo de dezenas de bispos reunidos em um sínodo, assegurou o trono de São Pedro a um bispo imperial, que escolheu o nome "Clemente II" (?-1047) (FLICHE, 1924, p. 110-111).

Aos olhos de Fliche, o caos que se instalou em Roma com a disputa dos três papas foi um sintoma. Ele considerou o episódio um dos sinais mais visíveis da prolongada crise de civilização deflagrada através do surgimento do "feudalismo". Era preciso observar com cautela e extrair certas conclusões daquela guerra civil. A rixa sangrenta entre os nobres italianos era consequência da ausência de um Império forte. Apesar da firme intervenção de Henrique III, o simples fato de Roma ter sucumbido à desordem demonstrava que os poderes imperiais estavam em declínio. Não havia um estado centralizado, capaz de manter a ordem pública. Por isso, os grandes senhores de terra iniciaram uma disputa sem trégua pelas fontes de riqueza e controle social. As igrejas, entre elas o próprio papado, tornaram-se alvos estratégicos. Afinal, elas irradiavam um poder quase inigualável: como instância que redimia corpos e salvava almas, elas controlavam as relações familiares, o parentesco, os ritmos do trabalho, a validade dos costumes, a fronteira entre obediência e sublevação. Influentes e poderosas, as igrejas estavam igualmente desprotegidas. Sem a pesada mão de uma hegemonia imperial capaz de defendê-las, as instituições eclesiásticas se tornaram os prêmios mais ambicionados pela sede de exploração dos nobres feudais.

O último organismo estatal efetivo tinha desaparecido há tempo. Desde o colapso do Império de Carlos Magno (742-814), os medievais conheceram somente a desordem e as "práticas escandalosas do regime feudal" (FLICHE, 1924, p. 29). Apesar do imponente nome dado pelos historiadores, o "Sacro Império Germânico" não passava de um conjunto de regiões em constante pé de guerra. O reino governado por Henrique IV era uma pálida versão do Estado de Carlos Magno. Estava constantemente em crise, mostrava-se incapaz de impor limites às brutais disputas da nobreza. Na prática, a supremacia imperial não mais existia. Extinta aquela hegemonia, a estrutura administrativa capaz de conter as vontades individuais e exigir-lhes obediência simplesmente desapareceu. Não havia quem aplicasse a lei em escala pública e contivesse a pressão dos interesses particulares. Cada linhagem tentava ser senhora, juíza e carrasca das populações locais. Uma das consequências desta crise atingiu diretamente a religião cristã: a escolha dos bispos deixou de ser prerrogativa da comunidade cristã e foi convertida em privilégio de príncipes desesperados por suporte político. Desfeito o poder central, verdadeiramente imperial, os senhores de terras podiam praticar toda sorte de desmandos. Sem o Estado, "a Igreja se tornou vítima da engrenagem feudal" (FLICHE, 1924, p. 30).

Na ausência de um poder centralizado, a estabilidade social se desfez. Das Ilhas Britânicas ao Mediterrâneo, o vácuo político foi ocupado pela livre vazão das destrutivas rivalidades e ambições da nobreza. No entanto, a questão não deve ser encarada como um "ou tudo ou nada", como se Fliche raciocinasse nos termos: com o Estado, a paz; sem ele, a catástrofe. Para ele, a ordem estatal falhava quando violava as fronteiras entre o secular e o espiritual: "as origens primeiras da usurpação que foi cometida em desprezo às regras canônicas e à tradição remontavam à época carolíngia" (FLICHE, 1924, p. 17). Contudo, ainda que imperfeita, a organização estatal era a última barreira antes da queda coletiva na desordem e na anarquia. Suas amarras administrativas e jurídicas impediam os poderosos de devorar a ordem social. Sem o Estado, os indivíduos ficavam entregues ao apetite dos sentimentos, dos desejos, das paixões, alimentando a injustiça, a violência e a imoralidade. Os valores morais eram sequestrados por propósitos materialistas e imediatos. O senso de dever e de dependência mútua era perdido. Quando o império dos carolíngios ruiu, tudo o que restou foi uma crise grave e prolongada – como a que se viu em Roma durante a luta entre os três pontífices.

Clemente iniciou uma pequena linhagem de papas imperiais. Entre 1046 e 1054, todos os papas foram homens de confiança de Henrique III. Mas foram também figuras de prestígio, reputados como sacerdotes virtuosos, de grande espiritualidade e rigorosos na observação das tradições da Igreja. Segundo Fliche, a nova liderança atraiu os mais zelosos e eruditos eclesiásticos da época. Ao ouvir as notícias sobre a renovação da principal Igreja dos apóstolos, eminentes vozes clericais se puseram em marcha. Elas ganharam a estrada em direção às colinas romanas, para integrar a cúpula dirigente do papado. Alguns nomes se tornariam conhecidos na história: Azelin de Compiègne (1010?-1054?); Humberto de Moyenmoutier (1015?-1061); Hugo de Rémiremont (1020?-1099?), Hildebrando de Soana (futuro Papa Gregório VII), Frederico de Liège (1020?-1058), Pedro Damiano (1007-1073) e Anselmo de Lucca (?-1073).

Como resultado, a Sé de Roma se tornou um imenso laboratório da religião cristã. As frequentes chegadas e partidas de destacadas mentes do clero provocaram uma intensa circulação de ideias e inspirações. A cada ano, novas bagagens de vida chegavam à cidade, descarregando pelas câmaras e capelas pontifícias diversas concepções acerca da correta ordem do mundo. Tais visões nem sempre se harmonizavam, é verdade. As divergências e os desentendimentos brotavam com frequência. Afinal, os homens eram muito diferentes. Havia monges de Cluny convictos de que a obediência e a liturgia eram os momentos mais importantes da vida cristã; eremitas acostumados a exaltar o isolamento nas montanhas e o combate às tentações da carne; bispos que enxergavam no envolvimento com os assuntos mundanos uma obrigação pastoral. Porém, esclareceu Fliche, conduzidas pela mão de ferro dos papas germânicos, as diferentes educações religiosas foram depuradas, suas afinidades realçadas e seus pontos-fortes combinados para formar uma única e bem-entrosada visão sobre a Igreja e a sociedade.

Em primeiro lugar, isso ocorreu graças ao prevalecimento do "método loreno" de organização da hierarquia eclesiástica. Foi o Papa Leão IX (1002-1054) quem fez o clero de Roma incorporar até a última de suas fibras os princípios tradicionais da região Lorena: os bispos detinham a maior autoridade sobre todos os assuntos das dioceses; nela estavam depositadas a verdade e a doutrina cristãs; em todos os comportamentos, os fiéis deveriam colocar as recomendações das leis escritas acima dos costumes locais. Adaptados para a magnitude da Santa Sé, estes postulados passaram a dizer que a voz papal era a instância máxima sobre todas as questões a respeito das igrejas (acima até mesmo das decisões imperiais); os pontífices eram os porta-vozes da verdadeira tradição; qualquer infração ou desvio de conduta deveriam ser julgados à luz de leis e normas que eles conheciam como nenhum outro. Com Leão IX, as diversas maneiras de organizar a vida religiosa, que então chegavam a Roma, foram misturadas numa visão compacta e coerente, dominada por estes ensinamentos. Nascia o projeto reformador do papado para a civilização cristã. O próprio Fliche concluiu: "a obra rascunhada por alguns bispos isolados do século X, por alguns soberanos animados por piedosas intenções no início do XI, adquire, daqui em diante, um caráter universal [...]. A Reforma era uma e era romana" (FLICHE, 1924, p. 147).

Mas nem Leão IX nem qualquer outro pontífice germânico se arriscaram a dar o passo seguinte. A Reforma seguia incompleta, já que todos eles se "detiveram no meio do caminho" (FLICHE, 1924, p. 158). Prediletos do imperador, nenhum deles ousou desafiar o controle exercido pelos poderosos sobre a Igreja. Até aquele momento não havia surgido o líder capaz de se erguer contra o envolvimento laico – dos nobres e dos reis – na escolha dos bispos. Isto ocorreu quando Gregório VII surgiu em cena, em 1073. A Reforma entrou em uma nova fase. A radicalização exigia, segundo Fliche, que o acontecimento histórico passasse a carregar o nome do homem que o levou às últimas consequências. A Reforma Papal se transformou na Reforma Gregoriana. Combinando "as teorias de bispos e monges, alguns originários da Itália e outros de partes do antigo reino da Lorena" (FLICHE, 1924, p. 366), o novo papa formulou uma agenda de ações que proclamavam a superioridade do poder espiritual sobre qualquer outro existente neste mundo. Esta agenda é conhecida pelo nome *Dictatus Papae*. Trata-se de um sumário de vinte e sete ideais ditados por Gregório, provavelmente, em 1075. Entre as máximas aí formuladas estavam as convicções de que "somente o pontífice romano seja legitimamente designado universal", "que só ele possa depor ou repor os bispos", "que todos os príncipes devem beijar os pés dos papas" e "que lhe seja lícito depor os imperadores".

Os *Dictatus* condensavam uma vasta teoria sobre o poder pontifício, definindo sua natureza e suas competências em uma "síntese luminosa e formidável" (FLICHE, 1926, p. 193). Era uma declaração de guerra contra o imperador e o predomínio laico sobre a Igreja. Através das controversas definições de Gregório, o programa reformador romano ganhou outra grandeza. Não bastava corrigir os comportamentos se não fosse apagada a chama que atiçava o mal entre os cristãos, isto é, a indigna intromissão dos governantes seculares nos assuntos eclesiásticos. A separação entre clérigos e laicos deveria ficar clara de uma vez por todas (FLICHE, 1926, p. 173-202).

Gregório VII foi o pivô de uma nova consciência religiosa. Isto porque foi o único a assumir plenamente o enfrentamento com os poderes laicos. Suas palavras, sua luta, sua difamação, seu exílio fizeram dele um símbolo. Ao lembrá-lo, os eclesiásticos empenhados em reformar o convívio cristão viam com mais clareza que a ruína das igrejas resultava do controle exercido por reis e nobres. Não havia causa mais urgente que a libertação da hierarquia eclesiástica. A obstinada campanha daquele pontífice contra o influente lugar dos laicos na condução dos assuntos espirituais abriu os olhos dos homens da Igreja. Dia após dia, as coisas santas eram assaltadas por quem não podia administrá-las e lançadas em um lodaçal de interesses profanos e negociatas mundanas.

Por isso, após "ter hesitado e tateado por algum tempo, a Santa Sé foi obrigada a recorrer a um remédio radical" (FLICHE, 1924, p. v): saltar ao primeiro plano político, assumir as competências jurídicas e administrativas estatais e domesticar as consciências. Coube ao papado relembrar aos homens que toda transgressão encontrava sempre um juiz. Diante da falência dos grandes poderes, a Igreja de Roma teria sido forçada a assumir a responsabilidade de controlar o pesado braço da lei (neste caso, a lei canônica) e ensinar aos indivíduos lições sobre os deveres e os limites de suas ações. Aos olhos de Fliche, caiu sobre os reformadores o fardo de reeducar os medievais para padrões racionais de conduta. Em outras palavras: coube ao papado se tornar uma monarquia eclesiástica e salvaguardar a ordem pública.

A tese de Fliche não era inédita. Antes dele, ela havia sido anunciada por James Pounder Whitney, em *Pope Gregory VII and the Hildebrandine ideal* ["Papa Gregório VII e o ideal hildebrandino"] (1910), que retomou o argumento em 1932, com a publicação dos *Hildebrandine essays* ["Ensaios hildebrandinos"]. Além disso, em 1921, os irmãos Carlyle – Robert Warrand e Alexander James – esboçaram a mesma opinião ao redigir *A History of Mediaeval Political Theory in the West* ["Uma história da teoria política medieval no Ocidente"]. Mas foi Fliche quem sustentou a tese com rigor histórico.

Com um respeitável respaldo de documentos e evidências, ele demonstrou que o papado havia se transformado em uma monarquia de maneira involuntária. Não havia escolha. Este era o único caminho a ser tomado pelos bispos de Roma. Converter a Igreja em uma monarquia e impô-la sobre a Cristandade foi o preço exigido pela Reforma Gregoriana para assegurar a ordem pública, a integridade da Igreja e a moralização da sociedade.

Pelas mãos do historiador francês, a história proporcionava uma importante lição: em tempos de crise, os papas detinham as soluções.

Uma Igreja feudal

Fliche formulou sua interpretação do passado medieval em um livro composto por três volumes. O primeiro foi publicado em 1924; o segundo, em 1926. O terceiro, todavia, demorou uma década para ser concluído: foi preciso esperar até 1936 para lê-lo. A trilogia nasceu com o título *La Réforme Grégorienne* ["A Reforma Gregoriana"]. A expressão caiu no gosto dos historiadores e leitores em geral. Na realidade, seu sucesso foi muito além de conquistar a preferência dos interessados em Idade Média. O título rebatizou o século XI. Os estudiosos falavam sobre a "Reforma Gregoriana" como algo tão palpável e evidente quanto a Guerra do Peloponeso ou a Independência dos Estados Unidos. O sucesso da tese flicheana foi invejável. Rapidamente a expressão deixou de ser palavreado de especialistas e ganhou as páginas dos manuais de história do cristianismo e dos livros didáticos.

O sucesso atraiu críticos. E eles foram muitos. As primeiras contestações surgiram cedo, já nos anos de 1930, com o alemão Gerd Tellenbach (1903-1999). Desde então o coro de vozes que anunciavam os equívocos de Fliche aumentou década a década. Na Itália, na Alemanha, na Inglaterra, nos Estados Unidos: as afirmações do medievalista francês eram passadas a limpo e desautorizadas em diferentes idiomas (RUST, 2013, p. 25-54). Os críticos tinham razão. As evidências documentais conduziam os principais argumentos de Fliche a um beco sem saída. Observemos alguns exemplos.

Mal fora eleito, em abril de 1073, e Gregório se viu às voltas com um problema. O antecessor, o Papa Alexandre II (1015-1073), havia enviado um cardeal ao sul da Gália. Figura graúda no interior da Cúria, o cardeal-bispo de Óstia, Geraldo (?-1077), partira com a missão de avaliar o modo de vida dos clérigos locais e, se preciso, corrigi-los em nome de São Pedro. Passados alguns meses, queixas contra o cardeal começaram a passar pelas muralhas de Roma. Emissários entregaram ao novo pontífice cartas escritas com tintas de indignação. Os bispos da região visitada pelo cardeal protestavam com ardor. Diziam-se desrespeitados, injustiçados. Severo, educado no espírito dos monges, Geraldo era acusado de se impor com rigor excessivo, tirânico.

As principais queixas envolviam dois prelados, o arcebispo de Auch, Guilherme (?-1096), e o bispo de Tarbes, Pôncio (?-1080?). Amparado pelo apoio de alguns bispos da região, o cardeal decretou a deposição de ambos. A justificativa para a medida tão drástica era simples: os dois homens não podiam atuar como líderes espirituais, pois mantinham contato com excomungados. Geraldo tinha razão. A tradição escrita acumulada pela Igreja Católica atestava que a polêmica decisão era justa e correta. Afinal, "um grande número de cânones estabelecia que um clérigo que mantivesse contato com um excomungado deveria ser excomungado" (AUSTIN, 2009, p. 183). E mais: segundo o historiador Patrick Healy, a postura do cardeal era uma prova de fidelidade ao projeto reformador liderado pelo Papa Gregório: a fórmula "nenhum contato deve ser mantido com um excomungado" era um "tema popular entre o Partido Gregoriano" (HEALY, 2006, p. 216).

Se a história realmente foi assim, então Geraldo deve ter se sentido desorientado – talvez até traído. Pois Gregório anulou sua decisão. Segundo o pontífice, o arcebispo de Auch "não deveria ser sujeitado à deposição somente porque ele tem se comunicado com uma pessoa excomungada". Sobre o bispo de Tarbes, uma resposta idêntica: "se nenhuma outra ofensa pode ser encontrada contra ele por prova legal, ele não deveria faltar à restituição a seu ofício" (GREGÓRIO VII. Reg. 1, p. 16. MGH Epp.sel. 1, p. 26).

Embora aprovada por um sínodo local e resguardada pelas leis da Igreja, a punição decretada por Geraldo foi considerada inapropriada pelo homem exaltado por Fliche como o mentor dos ideais reformadores. Mas a contradição não parou por aí. Nos anos seguintes, Gregório contrariou a própria opinião. Em 1074, Ralf (?-1085), arcebispo de Tours, ouviu-o explicar a advertência de que seria expulso da hierarquia eclesiástica do seguinte modo: "uma vez que tu não temeste manter-te na companhia de um homem excomungado pela Sé apostólica, a espada da punição canônica deveria justamente ser lançada contra ti e uma sentença de deposição deveria prontamente ser estabelecida" (GREGÓRIO VII. Epp. vag. 3, p. 8-9). Dois anos depois, o papa recorreu ao mesmo argumento para justificar a decisão mais polêmica de toda sua vida: excomungar e depor o imperador. As palavras não deixam dúvida: "e porque ele" – Henrique IV – "desprezou obedecer como cristão e não retornou ao Deus que abandonou por ter contato com excomungados [...], em teu nome [do apóstolo Pedro] eu o ato com o grilhão do anátema" (GREGÓRIO VII. Reg. 3, p. 10a. MGH Epp. sel. 3, p. 268-271). Ao que parece, 2 anos antes, o convívio com excomungados não afastava um bispo de Deus. Em cada caso, o papa aplicou um peso canônico e uma medida de rigor.

Quanto mais buscamos o "programa reformador gregoriano", mais nos deparamos com decisões casuístas, repletas de margens de negociação, ambivalências. Eis outro caso, que arranha a reputação do papa e seus aliados como obcecados por uma rígida separação entre clérigos e laicos. Trata-se dos dízimos, rendas sobre as quais os gregorianos teriam – segundo os defensores da Reforma Gregoriana – tentado impor um monopólio inabalável.

Em abril de 1059, Hildebrando (futuro Gregório) estava presente no concílio em que o Papa Nicolau II (1010-1061) decidiu "que os dízimos, as primícias e as oferendas [doadas às igrejas] por pessoas vivas e mortas devem ser restituídos pelos laicos à Igreja e colocados à disposição do bispo. Aqueles que os retiverem serão separados da Santa Igreja" (CONCILIUM LATERANENSE. MGH Const. 1, p. 547; MANSI, 19, p. 898). Os laicos não deveriam pôr as mãos sobre os dízimos. Quem o tivesse feito deveria se redimir e desfazer aquela intromissão nos assuntos clericais. Se não agisse assim, seria excomungado. Em 1078, este modo de pensar foi confirmado por Gregório. Os dízimos, afirmou ele, estavam reservados para uso piedoso, ou seja, clerical. Qualquer laico que ousasse se servir deles, até mesmo um rei, deveria "saber que comete a ofensa do sacrilégio e incorre em perigo de danação eterna" (GREGÓRIO VII. Reg 5, p. 5b. MGH, Epp. sel., 2, p. 404-405).

Logo, em 1081, os bispos Hugo (1040?-1106) de Die e Amato (?-1086) de Oloron provavelmente tinham as consciências tranquilas quando excomungaram alguns cavaleiros normandos que retinham dízimos para si. Os dois foram autorizados por Gregório a atuar em nome da autoridade apostólica na Gália. Eles decidiam em nome do papa. Mas, ao que parece, não conforme o julgamento dele. A notícia sobre a decisão inquietou o pontífice, que tratou logo de censurar seus homens de confiança. "Chegou ao nosso conhecimento", ele escreveu, "que vós perturbastes muitos cavaleiros que antes vos dedicaram ajuda e auxílio para corrigir sacerdotes simoníacos e fornicadores, excomungando-os por terem se recusado a cumprir os dízimos, ao passo que, nós, por discrição, adiamos até agora atá-los com o vínculo do anátema". Sim, Gregório sabia que sob o texto frio da lei aqueles laicos deveriam ser punidos. E seriam. Sua sentença fora apenas adiada – prometia a carta. Mas, os cavaleiros haviam se revelado úteis no combate aos vícios do clero. Em honra ao auxílio prestado por eles era preciso esquecer, momentaneamente, a lei canônica. A tolerância aos infratores que cooperavam com a Igreja era uma lição a ser gravada na alma do clero: "Nós exortamos que de agora em diante vossa sabedoria tempere o rigor canônico e que vós vos aplicais para a moderação poupando algumas coisas e ignorando outras" (GREGÓRIO VII. Reg. 9, p. 5. MGH. Epp, sel. 2, p. 580). As infrações laicas podiam ser toleradas.

"Ora, tal argumentação não passa de uma manobra para desviar o foco da questão central" – provavelmente pensaria um defensor do conceito "Reforma Gregoriana". Nosso interlocutor imaginário talvez prosseguisse, rebatendo: "Para Gregório VII, a questão que encarnava a emancipação da

Igreja perante os laicos não era os dízimos, mas o poder de empossar os bispos da hierarquia eclesiástica". Na realidade, tais pensamentos nada têm de fictícios. Eles resumem as certezas de muitos historiadores. É imenso o rol de autores que asseguram ter sido a abolição da investidura laica o coração que fazia pulsar todo o projeto reformador do papado. Por isso, Gregório teria tratado a questão com uma intransigência vulcânica. A menor suspeita de que um laico ousara transmitir a alguém os poderes de um bispo era tratada com máximo rigor. Bem, olhemos o problema um pouco mais de perto.

Segundo a interpretação vigente (MORRIS, 2001, p. 106; McLAUGHLIN, 2010, p. 71-86), a cúpula papal declarou uma atitude hostil contra a investidura laica no final dos anos de 1050. Foi o Cardeal Humberto de Silva Cândida (1015?-1061) que fez a denúncia. Nos *III Libri Adversus Simoniacos* ["Os três livros contra os simoníacos"] consta: quando um laico entrega a alguém o anel episcopal e o pequeno cajado de pastor chamado báculo, símbolos do poder espiritual de um bispo, ele viola a pureza da esposa de Cristo, isto é, a Igreja. Por mais nobres e piedosos que fossem, ao agirem deste modo, os laicos abusavam do corpo místico composto pelo conjunto dos seguidores de Jesus. Ainda que os símbolos em questão fossem solenemente oferecidos por um monarca, ungido e coroado em nome de Deus, eles nada mais seriam que objetos mundanos, despidos da graça divina. Quem os detinha poderia ser considerado homem do rei, mas jamais um pastor de almas (*III Libri Adversus Simoniacos*. MGH Ldl 1, p. 198-217).

As palavras de Humberto teriam calado fundo no espírito de Hildebrando de Soana, que as acolheu como se tivessem nascido da própria mente. Anos antes de ocupar o trono de

Pedro, ele deve ter sentido uma satisfação especial quando Nicolau II selou a proibição da investidura laica com a sonora aprovação concedida pelo concílio papal de abril de 1059 (DENZINGER, 1995, p. 392-394). A mentalidade do Papa Gregório teria orbitado ao redor desta causa essencial: defender a todo custo as ideias de Humberto (IOGNA-PRAT, 2002, p. 17-19; LEYSER, 1994, p. 3; ROBINSON, 2004, p. 304). E, de fato, os pronunciamentos gregorianos sobre a investidura laica impressionam. Os termos eram sempre enérgicos. Em muitas ocasiões a reprovação do líder da Igreja Romana soava tão austera que parecia ter sido gravada com letras temperadas por aço.

Segundo o monge Hugo de Flavigny (1064?-?), em 1078, encarando firmemente os mais de 50 bispos reunidos na grandiosa basílica de São João de Latrão, Gregório lembrou que os decretos pontifícios ordenavam a excomunhão daqueles que recebiam um bispado ou uma abadia de um laico. E emendou: "nós não deixaremos chegar a tal pessoa a graça do bem-aventurado Pedro e proibiremos sua entrada na Igreja enquanto ela não se separar da posição que ocupou por este delito de ambição e desobediência, o que é o mesmo que o crime de idolatria". Antes de terminar, ele advertiu com tom desafiador: "se um imperador, duque, marquês, conde ou quem quer que seja do poder secular ousar conceder a alguém a investidura de um bispado ou outra dignidade eclesiástica, saiba-se preso ao grilhão da mesma sentença" (*Chronicon*, MGH SS 7, p. 412).

Mas, a aplicação destes princípios fugiu ao rigor da letra. A começar pelo grande antagonista papal, o rei Henrique IV. Enquanto acreditou ser possível ganhar a cooperação da corte germânica, Gregório tolerou as intervenções do monarca nas eleições episcopais. No curto período entre 1075 e 1077, os homens à frente de três importantes igrejas receberam os símbolos da autoridade espiritual diretamente das mãos de Henrique: Cambrai, Speyer e Aquileia. Nenhum caso resultou em excomunhão ou deposição permanente. Os infratores mantiveram seus ofícios porque o papa aceitou o argumento de defesa oferecido pelos três: eles não conheciam a proibição papal. O herdeiro imperial tampouco foi punido por algum destes casos.

Henrique acabou excomungado em fevereiro de 1076 porque reabriu uma antiga ferida nas relações com Roma. Ele promoveu um clérigo de sua preferência a arcebispo de Milão e intrometeu-se na escolha dos líderes de duas dioceses muito próximas ao papado, Fermo e Spoleto (GREGÓRIO VII. Reg. 3, p. 10. MGH. Epp, sel. 3, p. 263-267). Gregório considerou esta súbita intervenção nos assuntos eclesiásticos do reino da Itália uma prova definitiva de que o rei não desejava o equilíbrio entre os poderes espiritual e secular. Aos olhos do papa, tão logo conseguiu reunir forças para esmagar os nobres que se rebelaram contra a autoridade imperial, Henrique quebrou as promessas de apoio às decisões papais e interveio em igrejas sobre as quais o papado reivindicava um controle singular. Portanto, a excomunhão ocorreu porque o rei violou um pacto de aliança e fidelidade.

Outro caso pode ser evocado para fundamentar este argumento. O episódio que nos interessa ocorreu às vésperas da ruptura entre os dois líderes. Portanto, voltemos um pouco no tempo. Quaresma, 1075. Perante os ouvidos atentos da multidão eclesiástica reunida em Roma para o já tradicional concílio pontifício, Gregório anunciou a deposição do bispo de Bamberg, Herman von Formbach (1035?-1088).

O sacerdote germânico recusou todas as oportunidades para comparecer perante o pontífice e se justificar das acusações de simonia. Este era o temível nome atribuído à prática de adquirir bens eclesiásticos através de favor, influência ou dinheiro. O próprio clero de Bamberg denunciara o bispo, fazendo chegar até a Cúria a acusação de que seu superior não passava de um tirano que comprara a função de líder espiritual (GREGÓRIO VII. Reg. 2, p. 30, 52a. MGH. Epp, sel. 2, p. 163-165, 196-197). Poucos meses depois, em setembro, o papa enviou uma carta a Henrique. Após felicitar o jovem senhor da guerra por esmagar o orgulho dos nobres rebeldes como um martelo do julgamento divino, Gregório o informou que a direção de Bamberg estava vaga e que um novo "pastor deveria ser designado segundo a vontade de Deus" (GREGÓRIO VII. Reg. 3, p. 7. MGH. Epp, sel. 3, p. 256-259). Assim foi feito. Mas de um modo que quase faz corar as bochechas dos defensores da "Reforma Gregoriana". No dia 30 de novembro, um clérigo chamado Rupert (?-1102) foi investido dos poderes de bispo de Bamberg por Henrique IV. Tudo ocorreu exatamente como Humberto de Silva Cândida reprovava e Rupert "nunca foi repreendido pelo papa por receber o báculo e o anel das mãos do rei" (ROBINSON, 1999, p. 137).

O herdeiro imperial não foi o único tratado pelo papa com certa tolerância. A figura mais emblemática é, na realidade, Guilherme I (1028?-1087), rei da Inglaterra que entrou para a história carregando a fama de "o Conquistador". Gregório jamais o repreendeu por praticar a investidura de bispos. E Guilherme serviu-se amplamente dela. O testemunho do clérigo Eadmer (1060?-1121?) a esse respeito é de uma clareza contundente. Segundo ele, depois que Guilherme conquistou as terras que correspondem à atual Inglaterra, ninguém era aí elevado a bispo ou abade sem antes ter prestado um juramento como vassalo do rei e "recebido a investidura de seu bispado ou abadia das mãos do rei através da transmissão do báculo pastoral" (*Historia Novorum in Anglia*, Praefatio, p. 2). Gregório nunca dirigiu ao monarca uma advertência de excomunhão. Ao contrário. Quando um clérigo enviado por Roma aos domínios de Guilherme se pôs a censurar o rei, o papa tratou logo de esfriar os ânimos e desautorizá-lo. Eis o trecho da carta dirigida ao Padre Humberto: "declaraste-nos que foram pronunciadas palavras contra o rei inglês como se fossem em nosso nome. Como vós sabeis, elas nunca foram ordenadas por nós. Embora a santa Igreja Romana possa lamentar a respeito dele [do rei] por diversos motivos". Notemos bem: Gregório estava a par da conduta de Guilherme! A carta prossegue: "pois nenhum, entre todos os reis, mesmo entre os pagãos, ousou tentar contra a Sé Apostólica isto que ele não se envergonhou de fazer: [...] separar bispos e arcebispos dos limiares dos apóstolos" (GREGÓRIO VII. Reg. 7, p. 1. MGH Epp. sel. 2, p. 459).

Ainda assim, nenhuma excomunhão ou punição ecoou das colinas romanas rumo às terras britânicas. Os exemplos envolvendo Henrique IV e Guilherme I são suficientes para demonstrar que, mesmo nas matérias mais críticas da Reforma, Gregório colocava o apoio à concórdia e à cooperação com os laicos bem-estabelecidos acima do cumprimento rigoroso e universal dos decretos eclesiásticos (COWDREY, 1998, p. 550). O papado do século XI não foi uma instituição empenhada em uma luta sem tréguas contra os poderes feudais. As mobilizações iniciadas em Roma para reformar a religião cristã estavam repletas de valores típicos da nobreza medieval: lealdade, negociação, dependência mútua. Buscar nas ações gregorianas um projeto ideológico criado para que os homens agissem contra a sociedade à sua volta é buscar um conceito vazio de conteúdos históricos (TELLENBACH, 1993, p. 158). O papado comandado por Gregório VII não foi uma monarquia centralizada capaz de inaugurar uma época inteiramente nova. Ele foi uma instituição feudal, repleta de tensões e limitações como o mundo que a abrigava (RUST, 2011, p. 79-234).

Todo poder aos papas

Apesar das saraivadas de críticas recebidas ao longo do século XX e das limitações documentais, a ideia de uma "Reforma Gregoriana" sustentando a vida política medieval persiste no conhecimento histórico. Por quê? Eis uma resposta possível. Defendida com as credenciais de um historiador respeitável, a tese de Fliche conferiu respaldo científico para um poderoso mito político do mundo contemporâneo: tendo sobrevivido a crises antigas e terríveis, a Igreja Católica é a detentora de uma experiência política única, imprescindível para a manutenção da ordem nas sociedades ocidentais. A Reforma Gregoriana provava o argumento defendido por tantos católicos no início do século XX: tendo resistido à força do tempo, o papado detinha a receita que permitia sair dos momentos de crise.

Escrevendo em meio à agitação dos anos de 1920, Fliche agiu como grande parte dos intelectuais de sua época: ele culpou o individualismo e o liberalismo político pelo colapso da civilização europeia e exaltou a autoridade como tábua de salvação da ordem pública. Nas páginas escritas por ele, a livre realização do interesse pessoal é uma força predatória, cujo potencial destrutivo aumenta à medida que os indivíduos detêm recursos materiais e influência política para perseguir seus interesses – caso dos nobres feudais. A disciplina imposta por alguma autoridade institucional deveria segurar com rédeas curtas a satisfação dos anseios pessoais. Caso contrário, os homens devorariam uns aos outros através de uma competição desumana por bens e vantagens que só poderia resultar no catastrófico triunfo da lei do mais forte.

Os Estados secularizados não eram capazes de conter esta miséria humana. Pois a estimulavam. Foi por orientar seus cidadãos para uma felicidade inteiramente material que os governos europeus arrastaram a civilização para o desastre da guerra total. A promessa de uma prosperidade plena para todos não deixou lugar para as preocupações morais e um espírito de solidariedade que, sugere o pensamento de Fliche, florescem com a religião. À medida que o espírito laico se apoderava da política, a sociedade desaprendia a identificar os limites do comportamento individual benéfico. Assim, em pouco tempo, as pessoas não respeitavam qualquer fronteira social. A correta ordem pública se dissolvia.

A marcha daquele espírito foi visível durante o período 1870-1920. Foi então que, para um católico como Fliche, os regimes políticos borraram a principal linha de separação entre os grupos: a distinção entre clérigos e laicos. Em vários países, o foro eclesiástico foi abolido, abrindo terreno jurídico para a emancipação civil de populações não católicas. Em seguida, o matrimônio foi arrancado ao controle clerical e declarado matéria de códigos civis. Em vários países, medidas como essas encorajaram o amplo confisco do patrimônio eclesiástico, a supressão do ensino religioso e até mesmo das faculdades de teologia.

Na Alemanha, tribunais foram criados com poderes para encarcerar o episcopado. Na França, sob a bandeira da liberdade universal de consciência, o regime republicano transferiu o controle sobre bens religiosos para associações culturais presididas por leigos. Outrora considerado "o país mais católico da Cristandade", Portugal instituiu o divórcio, aboliu o delito de opinião em assuntos religiosos, restringiu procissões e o uso de vestes religiosas. Conhecido como "mata-frades", Joaquim Antônio de Aguiar (1792-1884), o ministro da justiça e dos cultos, era acusado de declarar que o catolicismo estaria extinto das terras lusitanas em duas gerações (MARTINA, 1997, p. 49-112). Na Itália, os estados papais haviam desaparecido, e o pontífice declarava um dever católico abster-se das eleições.

Sob as lentes do catolicismo oficial, a laicização desfigurou as identidades sociais passo a passo, até não restar, entre os europeus, o reconhecimento de limite algum. Padres eram agora civis como todos os demais laicos. Os cidadãos se metiam em assuntos do clero como nunca se julgou possível. A diferença não mais existia. Os homens eram misturados como se fossem uma massa sem forma. Tais transformações os deixavam cegos. Eles não mais reconheciam quaisquer limites, sociais ou jurídicos, perante os quais deviam se deter e recolher a vontade e os desejos. A Reforma Gregoriana idealizada por Augustin Fliche devolve à história algo que era demolido desde meados do século XIX: a nítida separação sociológica entre clérigos e laicos.

A trilogia flichiana apelou à história para encontrar uma possibilidade de salvação da ordem pública em meio à turbulência dos anos seguintes à Primeira Guerra. Para isso, o estudo projetou a história medieval como um precedente real da capacidade da Santa Sé de resgatar a sociedade da anarquia e da desordem. Mas a mensagem seguia uma orientação política singular. Como portadora de um modelo de sociedade, a Reforma Gregoriana está fundamentada em concepções políticas de cunho autoritário. Ao menos três características conferem ao pensamento de Fliche essa tonalidade.

A primeira delas é o princípio tácito de que a ordem pública existe somente por meio da administração estatal. Sem um aparato de governo não há espaços coletivos onde as decisões são guiadas para o bem comum e um equilíbrio entre os interesses particulares. A obra flichiana abre espaço para o pensamento de que a vida social está repleta de riscos e ameaças que só podem ser contidos por um aparato estatal. Mas, não é qualquer governo o mais indicado para pacificar e pôr ordem no convívio entre os homens: tais objetivos serão alcançados com mais eficácia e durabilidade se os indivíduos obedecerem a uma liderança essencialmente moral, conhecedora dos valores universais que brotam do interior de todos os homens, capaz de enxergar além dos propósitos materiais e passageiros. Ou seja, a saída para a crise política estaria na obediência coletiva a um líder religioso, ao sumo pontífice, conforme a história medieval demonstrava.

A ordem pública flichiana não coincide com a sociedade. Ela não é a coletividade, tampouco um espaço determinado em seu interior. Tal ordem existe quando certo conjunto de regras efetivamente rege a interação entre os indivíduos. É um modo de vida regulado e mantido por um Estado. Esse ordenamento, no entanto, não é espontâneo. Ele é alcançado mediante a imposição de códigos jurídicos sobre as consciências. O Estado deve intervir no cotidiano e reformar os modos de contato entre as pessoas. Esse processo ocorre de cima para baixo, ele jorra dos altos escalões do governo sobre as classes sociais. Ele não emerge da sociedade. Ao que parece, os homens, de forma geral, não carregam a propensão para a harmonia e a ordem em seus corações ou mentes. A ordem pública não nasce da rotina de pessoas comuns e vai se expandindo, ganhando espaço através dos laços de família, das associações de ofício ou da classe social. Não se trata de um fenômeno social, mas político e, sobretudo, derivado de poderosas instituições religiosas.

No que diz respeito à capacidade de salvaguardar a ordem na vida em sociedade, a escrita de Fliche põe as instituições de governo no centro de todas as ações importantes. Todo o restante – os grupos e espaços de relações coletivas – é convertido em uma temível periferia onde reina a tendência para cometer toda sorte de abusos, violações e usurpações. Ao descrever a Reforma Gregoriana, o medievalista converteu a sociedade em uma massa a ser modelada conforme um programa de ações traçado inteiramente pela Igreja Romana, sem grande participação ou dependência do mundo à sua volta.

O modo de pensar o direito é outro aspecto autoritário da interpretação de Fliche. Sua leitura ensina que a lei não é um acordo entre vontades, mas uma razão perfeita, ideal, que deve ser traduzida em realidade a todo custo. E mais: em *La Réforme Grégorienne*, a lei aparece como a sentinela da paz entre os homens, mas nunca como elemento capaz de servir à sua dominação social ou à exploração. Dito de outro modo: a lei, principalmente a canônica, nunca é injusta. Neste ponto, a interpretação lembra a concepção formulada pelo jurista Carl Schmitt (1888-1985) nas páginas de *Der Wert des Staates und die Bedeutung des Einzelnen* [O valor do Estado e a importância do indivíduo] (1914). Como

Schmitt, o historiador francês acreditava que somente uma instância era capaz de transformar o direito em realidade: o Estado. Por isso o trabalho jurídico dos reformadores gregorianos teve de deixar os mosteiros e as escolas urbanas e ser realizado em Roma. A reforma precisava ser política ou não seria. Por trás de toda proibição, censura e recomendação sobre o celibato ou a integridade do patrimônio eclesiástico deveria haver uma decisão soberana, tomada por um grupo que se apoderou do governo. Por isso, a trajetória dos gregorianos lembra a de um "partido" político moderno em uma escalada até o poder máximo. Vejamos como Fliche conta a ascensão dos reformadores.

Nascidos num mundo fragmentado pelo feudalismo, eclesiásticos muito diferentes puseram-se em marcha para Roma. Eles tinham algo em comum. Seus espíritos haviam sido tocados pela mesma vontade de poder. Em seu íntimo, aqueles homens devotados às causas da fé cristã estavam unidos por um desejo de assumir o poder da Cúria papal, onde estavam os principais postos de tomada de decisão sobre a vida cristã. Uma vez controlada aquela instância decisória, eles seriam capazes de definir e impor sobre toda a Cristandade novas regras e leis que a regenerassem. Em Roma, essa "vontade de poder" traduziu-se em uma unidade ideológica. Surgia o suposto "projeto reformador". O programa reformador romano nasceu, sob esse ponto de vista, como uma sincronia dos princípios ideológicos fincados por aquela "vontade de poder".

Além disso, seu nascimento tinha um dirigente máximo, Hildebrando de Soana: muito antes de tornar-se Gregório VII, ainda nas décadas de 1050 e 1060, Hildebrando foi o grande articulador daquele "programa" e o homem responsável por sua unidade de ação. Guiados por essa liderança, os clérigos apoderaram-se da Cúria. Após eliminar a oposição interna da nobreza romana, os reformadores lançaram-se à implantação em larga escala de seu suposto programa de ação.

Para Fliche, os gregorianos tomaram o poder porque partilhavam uma vontade política espontânea, genuína: o cumprimento das leis da Igreja exigia uma instituição forte.

Vista assim, a doutrina jurídica implantada pelo partido – no caso, "os reformadores" – é intrinsecamente legítima. Ela não necessitava da participação ou da aprovação dos demais grupos sociais, apenas de sua obediência. Afinal, toda a sociedade teria sido uma fonte de problemas. Mesmo que desafiada ou repudiada, a lei canônica era o único meio capaz de recrear o equilíbrio social, reeducando os indivíduos para as virtudes públicas: disciplina, obediência, hierarquia, moralidade. As leis defendidas pelos reformadores eram as únicas que verdadeiramente perduravam. Comparadas a elas, todas as demais iniciativas jurídicas eram precárias, efêmeras. Mesmo as do imperador, figura dotada da maior autoridade e dos melhores meios materiais. Ele era incapaz de superar as carências e decepções existentes, pois bastava a simples "mudança de soberano [...] para realçar a vaidade e a inutilidade da obra alcançada por príncipes animados por excelentes intenções" (FLICHE, 1924, p. 92, 100).

A doutrina jurídica gregoriana teria sido incomum. O solo que a gerava não era a terra ácida do convívio diário, mas a personalidade de seu líder. A lei reformadora era uma entidade moral, pois carregava o caráter de seu idealizador. As normas e proibições ditadas em Roma resultavam da razão excepcional de alguns homens, sobretudo Gregório VII: "o programa de vida cristã que Gregório VII traça

[...] é expressão de sua própria piedade" (FLICHE, 1926, p. 93). Em vários momentos, a escrita flichiana lembra o culto autoritário da liderança que se espalhou pela Europa nas décadas de 1920 e 1930 (ARENDT, 2009, p. 133-137). Não importava o que fizesse, o Papa Gregório vislumbrado pelo medievalista o faria como o homem-síntese de toda uma época, o visionário que desenhou a arquitetura de uma nova sociedade: "sua prodigiosa personalidade [...] domina toda a história religiosa e política do fim do século XI" (FLICHE, 1926, p. 90).

Por fim, a terceira característica autoritária: a "Reforma Gregoriana" reduziu a política à oposição amigos *versus* inimigos. É essa hostilidade que influencia as escolhas e a opção pelo Partido Reformador. Se os agentes da Reforma percorriam igrejas e mosteiros da Cristandade, intervindo em conflitos locais, formando alianças, implicando a si mesmos em disputas de todo tipo, era, segundo o olhar flichiano, porque sentiam a necessidade de se contrapor aos inimigos da causa, isto é, indivíduos, práticas ou ideias que ameaçavam a ordem pública que a monarquia papal tentava restaurar e manter.

A compreensão de Fliche depende desta dualidade. Não é casual que os volumes de sua principal obra estampassem já na capa as palavras "gregoriano" e "antigregoriano". A divisão do mundo político entre amigos e inimigos foi o que, segundo ele, impulsionou a marcha das preocupações reformadoras. Por isso o projeto romano só encontrou seu auge e seu verdadeiro sentido com Gregório VII. Ele teria sido o responsável por desmascarar e expor publicamente o inimigo da ordem pública defendida pelo papado: o poder imperial. Foi Gregório que chegou ao ato extremo de excomungar e depor o imperador. Se Fliche tomou o nome desse papa para batizar o fenômeno histórico que estudava não foi apenas porque o idolatrava como um católico excepcional. Ele nomeou a Reforma do século XI como "gregoriana" por uma razão política: Gregório foi o soberano, o líder máximo das ações reformadoras. Ele demonstrou, de uma vez por todas, que a falta de limite dos laicos – origem de todos os abusos cometidos por Henrique IV – era o inimigo dos reformadores. Sua liderança política, extraordinária e superior, consolidou o "projeto reformador". Pois foi reconhecendo seu inimigo comum que os homens do papado adquiriram consciência dos valores que deveriam defender. A percepção do que estava em risco agigantou-se com a personalidade vulcânica e as decisões incendiárias de Gregório VII.

O conceito de Reforma Gregoriana é um poderoso mito político. Ele é capaz de funcionar como uma réplica às acusações que comunistas e anarquistas disparavam contra a presença da Igreja Romana na condução dos assuntos públicos. Por meio dele, a história hasteava a Idade Média como um precedente real de que os pontífices devem ser ouvidos sempre que a ordem pública encontrar-se em risco. Na realidade, ele encorajava os leitores a acreditar que, nos tempos de incertezas, todo poder deveria ser entregue aos pontífices. Vinte anos depois, Fliche empunhou a maestria do historiador para responder a críticas como aquelas desenhadas na revista *L'Assiette au Beurre*.

4

Os Bórgia e a invenção do "Grande Inimigo"

> *Desejamos liberdade e unidade: guerra por ambos, enquanto a guerra for possível! Combateremos, sem trégua, e apontaremos como traidores de nosso país os partidários de qualquer projeto de poder estrangeiro! Combateremos, como uma doença mortal, a existência da autocracia papal!*
> Giuseppe Mazzini, 1859.

O estrondo dos tiros rasgou os céus antes mesmo do primeiro raio de sol. Eram 5h de uma manhã de outono quando as tropas abriram fogo contra a muralha de Roma. Em menos de vinte minutos o ministro da guerra do Vaticano recebeu a trágica notícia: a invasão da cidade começara. Do outro lado dos muros, 60.000 soldados observavam o bombardeio com olhos fixos. Eles esperavam o momento em que uma fenda surgiria da nuvem de poeira que os canhões faziam subir da Porta Pia, o ponto mais vulnerável dos paredões que protegem a cidade. Assim que a brecha surgisse, aquela multidão armada avançaria para conquistar Roma, cujas ruas eram os palmos de chão que faltavam para o que o recém-proclamado Reino da Itália cobrisse toda a península.

Despertado pelos trovões da guerra, o Papa Pio IX (1792-1878) buscou o socorro divino em uma missa. Eram 6h30min quando ele subiu ao altar de uma basílica lotada de embaixadores refugiados e sacerdotes amedrontados. Foi a última vez que um pontífice celebrou a liturgia como governante da cidade. Terminada a celebração, Pio se retirou para rezar em seu oratório particular, amargurado pela audácia dos italianos. Consolado pelas orações, ele se dirigiu a passos melancólicos para a sala do trono papal. Sentou-se de modo soberano, disposto a evitar qualquer comentário sobre a realidade anunciada a tiros no lado de fora de suas janelas: os estados papais enfrentavam seu fim. Enquanto os diplomatas bebericavam chocolates quentes em meio ao eco de explosões, Pio ergueu os olhos e viu o Cardeal Giacomo Antonelli (1806-1876) entrar pálido e resfolegante. Os ponteiros se aproximavam das 9h quando Antonelli leu a notícia carregada em folha de despacho militar: uma fenda foi aberta à esquerda da porta pia. As tropas jorravam para dentro da cidade como uma violenta maré estourando um dique. Tomado pela notícia, o pontífice murmurou: "foi passado o Rubicão, cumpra-se Tua vontade no céu e na terra". Olhou ao seu redor e, com semblante firme, disse: "senhores, dou a ordem de capitular, para quê defender-se mais? Abandonado por todos, não devo fazer derramar sangue inutilmente" (PELCZAR, 1910, p. 556). Pio rendeu os territórios que administrava ao Estado italiano. Era 20 de setembro de 1870. Dia em que o governo dos papas se tornou passado.

Separado dos acontecimentos que selavam o destino do papado por mais de 900km, um historiador alemão anotava seus pensamentos em um diário como se ouvisse as rajadas da artilharia italiana. Alguns dias antes, em um quarto em Munique, Ferdinand Gregorovius (1821-1891) escreveu: "hoje, 16 de setembro, os italianos avançam sobre Roma, na qual, talvez, já tenham entrado. Com prazer eu teria testemunhado a queda do papado com meus próprios olhos" (GREGOROVIUS, 1907, p. 380). A cidade não tinha caído, mas isso era apenas uma questão de tempo.

Gregorovius não era um visionário, tampouco vidente. Na realidade, a conquista de Roma pelo Estado italiano era anunciada pelos movimentos da política europeia há anos. A maior parte dos territórios papais foi retirada do controle de Pio IX em 1860. A cidade era tudo que restava à Santa Sé e sua incorporação era publicamente reivindicada pelos defensores da causa "a Itália para os italianos". Nos últimos dias de outubro de 1867, o General Giuseppe Garibaldi (1807-1882) por muito pouco não obteve êxito na terceira tentativa de se apoderar da cidade. Os 11.000 homens que o seguiam, convictos de que marchavam para "derrubar o mais asqueroso dos governos" (DE MATTEI, 2000, p. 150), fracassaram ao contar com a certeza de que os romanos se sublevariam contra o papa ao ver seus "libertadores" surgindo no horizonte. O motim não ocorreu e Garibaldi foi rechaçado pelo General Hermann Kanzler (1822-1888). Apesar de heroica, a bravura da tropa apostólica era mantida a duríssimas penas: sem recursos, a Santa Sé custeava efetivos pequenos, munidos de um armamento precário.

Aos olhos do historiador, outro sinal indicava, com a clareza do meio-dia, que o poder do papa desmoronava. Gregorovius referia-se ao dogma da "infalibilidade papal", aprovado durante o Concílio Vaticano I (1869-1870). Declarar-se "infalível" teria sido uma tentativa desesperada da parte de Pio IX para manter um poder que escorria entre os seus dedos. Ao folhear as páginas de diário reservadas pelo historiador para o mês de janeiro de 1870 nos deparamos com uma avaliação crua: "os romanos não têm interesse no Concílio. Ninguém se preocupa com a ladainha que ocorre em São Pedro". Passando para o papel boatos que perambulavam de esquina em esquina, Gregorovius acreditava que os jesuítas haviam persuadido o papa da infalibilidade. Eclipsados pelo prestígio de outras ordens religiosas, os padres da Companhia de Jesus tentavam recuperar um velho esplendor. Convencer o líder da Igreja de que "as declarações do Romano Pontífice são por si mesmas, e não somente em virtude do consenso da Igreja, irreformáveis" (*Pastor Aeternus*, apud O'GARA, 1988, p. 257) era uma chance de ouro para ganhar sua proteção e seus favores. Pelas ruas dizia-se que Pio IX não continha seu deslumbramento com os argumentos jesuítas, pois volta e meia ele exclamava para auxiliares: "antes de ser papa, eu acreditava na infalibilidade; agora, no entanto, eu a sinto" (GREGOROVIUS, 1907, p. 351).

Gregorovius enxergou a marca da decadência na decisão do pontífice. Declarar-se infalível só poderia ser coisa de um megalômano, uma insanidade de quem já não era capaz de reconhecer as próprias fraquezas. No dia 10 de março, o historiador anotou: "eu o vi ontem, [Pio estava] seguindo a pé pela [via do] Corso. Ele me pareceu bastante falível; seu andar, vacilante; sua compleição, pálida. Oh, tal homem, já morto e enterrado, ainda deve continuar a obscurecer o mundo!" Em seguida, o erudito alemão confessou ao papel uma esperança íntima: "espero por um ímpeto repentino na história mundial, em consequência deste fardo monstruoso e derradeiro no qual o papado se converteu" (GREGOROVIUS, 1907, p. 357-362).

Três meses depois, o desabafo cedeu lugar à crítica e à ironia desmoralizante. A infalibilidade era – afirmou Gregorovius – a mais espalhafatosa roupagem já vestida pela verdadeira intenção de Pio IX, que desejava lidar com as mais graves questões relativas à constituição da Igreja Católica de uma maneira inteiramente pessoal. "O mais absoluto despotismo está, assim, prestes a ser introduzido na Igreja", concluiu o historiador. Que não se restringiu à seriedade do argumento e narrou uma anedota que circulava entre os jornais romanos. Eis a história. "Pouco tempo atrás, o papa colocou sua infalibilidade à prova. Em uma de suas caminhadas, ele disse a um homem afligido por paralisia: 'erga-te e anda'. O pobre diabo tentou obedecê-lo e caiu. Isto perturbou imensamente o vice-deus. Eu realmente acredito que o papa é louco" (GREGOROVIUS, 1907, p. 367).

O fanatismo e a sensação de insegurança que Gregorovius jurava respirar eram, contudo, apenas os traços mais evidentes da fragilidade do governo papal sobre Roma. Desde a década de 1850, uma certeza saltava aos olhos de todos os italianos: o governo pontifício sobre a cidade só se mantinha de pé graças aos exércitos instalados na região pelo rei francês Luís Bonaparte (1808-1873). O apoio oferecido pelo monarca, aliado e protetor de Pio IX, era a barreira que inibia os planos de anexação do Estado italiano. Havia mais de uma década o Rei Vítor Emmanuel II (1820-1878) ambicionava incorporar a cidade como capital dos territórios que ele reunira em uma pátria única e independente. Os anos se passaram e, apesar das diversas batalhas e excomunhões, Roma era do papa, não dos italianos – graças ao apoio francês.

Porém, em 27 de julho de 1870 a barreira foi removida. Paris anunciou a retirada de suas tropas. Todos os soldados franceses eram necessários no *front* da guerra contra a Prússia. O conflito aterrorizava os súditos de Bonaparte. O exército pagava com sangue pela inferioridade numérica e flagrante desorganização. Os combatentes franceses eram empurrados para o interior de seu território; forçados, derrota após derrota, a recuar para longe da fronteira e a assistir a ocupação prussiana de importantes cidades como Metz e Estrasburgo. Em fins de julho e início de agosto, o espectro da catástrofe final projetava sua sombra sobre os cidadãos de Paris (KERTZER, 2006, p. 23). Gregorovius seguia tudo com atenção. "Os franceses estão desesperados" – dizia a anotação em seu diário –, "os prussianos caíram sobre a França como uma torrente de lava, soterrando o exército que outrora fora o mais orgulhoso do mundo" (GREGOROVIUS, 1907, p. 375).

Mesmo com os franceses fora, Vítor Emmanuel relutava em agir. O monarca se limitava a multiplicar o número de soldados italianos nas bordas dos territórios papais. Ele, provavelmente, temia que uma reviravolta nos campos de batalha trouxesse de volta os poderosos aliados do papa. E então teve início o histórico mês de setembro. No dia 2, os franceses encontraram o desastre nos campos de Sedan. Derrotados, 80.000 deles se entregaram aos prussianos. Entre eles, estava o próprio imperador. Bonaparte se rendeu aos germânicos como um prisioneiro de guerra. Em Paris, a notícia encorajou a rebelião dos súditos. A monarquia caiu e a república foi declarada. A notícia de que os franceses estavam atolados em uma profunda crise era a certeza que faltava ao rei italiano. Na tarde do dia 19 a ordem para o ataque à cidade foi formalmente comunicada às tropas. Após aquela noite, o Vaticano amanheceria em guerra.

Algumas semanas após a rendição formal de Pio IX, um decreto real proclamou Roma território do Reino da Itália. Para Gregorovius, que acabara de retornar da viagem a Munique, a cidade era outra. Parecia ter sofrido uma "violenta transformação, como uma metamorfose de malabarismo". Ele olhava para as praças e ruas e não reconhecia o lugar onde vivia há 18 anos. Uma invasão de charlatães e mascates desassossegava os antigos habitantes. O papa declarou-se prisioneiro e suspendeu o Concílio da Igreja. O historiador prosseguiu: "guardas italianos estão estacionados no Vaticano; através das portas entreabertas, vi os intimidados [guardas] suíços. Os cardeais nunca se mostram ou, se eles saem em público, suas carruagens não levam marcas de distinção; toda sua pompa e magnificência acabaram em fumaça. Apenas padres solitários escapolem pelas ruas, tímidos e como sombras" (GREGOROVIUS, 1907, p. 388).

Em setembro, enquanto visitava a Bavária, Gregorovius anotava os pensamentos como se saudasse cada tiro disparado pela anexação de Roma. Em outubro, de volta à Itália, ele lamuriava ao diário uma constatação melancólica: não havia grandeza naquele novo tempo da história romana. Segundo ele, a cidade perdia a atmosfera cosmopolita. "Ela irá afundar ao se tornar a capital dos italianos, que são muito fracos para a grande posição na qual nossas vitórias os colocaram" – dizia o erudito alemão como se tivesse ele próprio empunhado um fuzil e participado da vitória sobre os franceses em Sedan. E continuou, confessando tristezas de historiador: "a Idade Média foi soprada para longe, com todo espírito histórico do passado. Sim, Roma perdeu completamente seu charme" (GREGOROVIUS, 1907, p. 389).

Apesar de finalmente unidos como uma pátria, os italianos não eram capazes de progredir. Algum tipo de deficiência os acorrentava – segundo o juízo de Gregorovius. Em novembro, as palavras imprimiram ao diário o tom da resignação: "há uma sensação desoladora na cidade, apesar de toda excitação, e eu devo me acostumar a este estado de coisas". A decadência parecia uma sentença irreversível. Quase uma marca humana dos italianos, que figuravam na mente de Gregorovius como um povo carente daquele tipo de matéria histórica que formava a glória e a superioridade. Basta observar sua opinião sobre a reação da monarquia à decisão papal de publicar uma excomunhão contra quem havia invadido os domínios de São Pedro: "o governo foi mesquinho o suficiente para confiscar os jornais que a imprimiram. Não há magnanimidade nos assuntos italianos" (GREGOROVIUS, 1907, p. 390).

Arrebatado por essa sensibilidade do declínio, Gregorovius compôs sua versão sobre a atuação de uma das mais conhecidas famílias à frente do papado: os Bórgia. Os volumes escritos pelo historiador alemão a respeito da ascensão romana daquela família espanhola influenciaram diretamente nossa atual maneira de lembrá-la. Desde então, a linhagem do século XV foi consagrada como um dos maiores símbolos da história do papado.

Os talentos do sangue: crime e corrupção

Na turbulenta e soturna atmosfera do ano de 1870, o erudito alemão avançaria na redação de sua magistral *Geschichte der Stadt Rom im Mittelalter* ["A história de Roma na Idade

Média"]. Tendo publicado seis volumes densos, Gregorovius concluía a escrita sobre o período em que o espanhol Rodrigo Bórgia (1431-1503) fora papa. Porém, antes mesmo do novo livro vir a público, a notícia de sua confecção alvoroçava os católicos. Desde fevereiro, os rumores sobre a sequência da obra rendiam ao autor algumas visitas irritantes.

Numa delas, bateu à porta um padre enviado por Louis Veuillot (1813-1883). Sem cerimônia alguma, o sacerdote atarracado, de olhar incisivo, informou que desejava ler aquele sétimo volume em primeira mão para relatar o conteúdo antes da impressão. Veuillot, jornalista francês ultracatólico a quem Gregorovius se referia como "pequeno e fanático Voltaire das trevas", desejava escrever um artigo sobre o volume. O francês tentou ganhar a simpatia do autor com elogios à sua fama de historiador imparcial. Apesar de lisonjeado pelo galanteio intelectual, Gregorovius não conteve o incômodo: "eu disse ao sacerdote o que era preciso e, veementemente, enfatizei a opinião de que os homens somente podiam ser governados com perfeita liberdade" (GREGOROVIUS, 1907, p. 356).

As palavras soaram como uma advertência sobre a época dos Bórgia. Como se o autor lembrasse aos contemporâneos que não estava disposto a omitir esta conclusão: mais importante que a imparcialidade é perceber que governantes como os Bórgia são uma ameaça à liberdade dos homens. Gregorovius desenhou esta lição desde o começo, isto é, já ao narrar o conclave que fez do Cardeal Rodrigo Bórgia o Papa Alexandre VI.

Em 6 de agosto de 1492, quando pouco mais de vinte cardeais foram trancados na capela sistina, cinco nomes eram cotados para o trono de São Pedro. Ascanio Sforza (1455-1505), um dos influentes filhos do falecido duque de Milão. Lorenzo Cibo (1450-1503), oriundo de uma antiga família de Gênova, era sobrinho do papa recém-falecido. Rafael Riário (1460-1521), também sobrinho de um pontífice, era figura tão poderosa quanto polêmica, pois envolvera-se em uma conspiração contra o governo de Florença. Giuliano della Rovere (1443-1513), um franciscano de grande poder, senhor das rendas de nove das maiores igrejas da Cristandade (entre elas, dos territórios de Avignon) e de importantes contatos com a coroa francesa, era o favorito para a sucessão. Por fim, o próprio Rodrigo Bórgia, eclesiástico espanhol de grande fortuna que também ocupara o disputado posto de sobrinho papal.

A narrativa de Gregorovius não deixa dúvidas: cinco dias depois, o nome Bórgia foi aclamado graças a uma negociata escandalosa. Rodrigo cooptou o apoio de Ascanio ao enviar quatro mulas abarrotadas de dinheiro para a residência do cardeal. Além disso, Sforza foi seduzido pela promessa de ser o vice-chanceler da Santa Sé, caso o espanhol fosse eleito. Persuadido, o milanês decidiu o conclave. Sua influência serviu de fiadora para as promessas do Bórgia, que seguiu penhorando postos hierárquicos e igrejas para quem escrevesse seu nome nos votos sagrados. Os cardeais italianos foram os primeiros magnetizados pela farta distribuição de comendas, fortalezas, bispados, cidades e pelas polpudas somas de dinheiro entregues em seus palácios romanos da noite para o dia. Em pouco tempo, a adesão ao candidato espanhol se alastrou feito cogumelos na chuva. Na noite de 10 de agosto, o nome Bórgia saltou da urna de maneira unânime. Gregorovius foi ácido: "mesmo para o crente mais piedoso nos mistérios, a designação de tal homem como o representante de Cristo dificilmente pode parecer um ato do Espírito Santo, que, supostamente, guiou cardeais ambiciosos e briguentos no conclave" (GREGOROVIUS, 1900, p. 325). A religião católica seria guiada por um arrivista; a Itália, governada por um homem nascido em outras terras.

A eleição do Bórgia era fruto de corrupção. Escrevendo pouco depois, Ludwig von Pastor (1854-1928), outro erudito alemão e autor fundamental em qualquer estudo sobre a história dos papas, reproduziria a avaliação de Gregorovius, que pode ser assim resumida: a ascensão do novo papa era fruto da pior espécie de simonia, o prenúncio de dias de aflição e tormento. Mas essa era uma corrupção tolerável para a moralidade do Renascimento. Uma aclamação corrupta, mas não cínica ou hipócrita. Rodrigo possuía qualidades úteis a um sumo pontífice. Era um homem experimentado no funcionamento da Cúria, tinha profundo conhecimento da administração dos bens da Igreja, e possuía uma "majestade pessoal e intelectual". De fato, admitia Gregorovius, "muitos romanos receberam a notícia da eleição do Bórgia com alegria. Um homem tão distinto e jovial agourava um esplêndido pontífice" (GREGOROVIUS, 1900, p. 330). Ou se preferirmos os termos de Pastor: "nada foi dito sobre o caráter moral do Bórgia, mas a opinião pública daquele tempo era inacreditavelmente leniente acerca deste ponto. Entre as classes altas, uma vida dissoluta era encarada como algo natural" (PASTOR, 1906, vol. 5, p. 388).

Em trechos como estes, que acabamos de citar, encontramos um ponto de ênfase recorrente do pensamento de Gregorovius. Trata-se de um assunto sobre o qual ele tanto insistiu e que segue dominando nossa maneira de lembrar o papado de Alexandre VI: as características pessoais e a vida particular da Família Bórgia. Ao ler as páginas escritas pelo historiador alemão somos tomados pela impressão de que em finais do século XV a ascensão do cardeal espanhol transformou a Itália no teatro de uma aventura familiar. O sétimo volume de *A história de Roma na Idade Média* consagrou as personalidades e a rotina privada do papa como questões de grande relevância para os rumos da história. O fato de Rodrigo possuir "um temperamento apaixonadamente sensual, o qual o dotava de uma atração magnética sobre as mulheres" (GREGOROVIUS, 1900, p. 326-327), é aí algo que importa. E muito.

A argumentação de Gregorovius deslocou a ênfase histórica com sutileza, mas de maneira decisiva. À primeira vista, sua escrita apenas reproduzia as principais fontes históricas, sobretudo o grande historiador renascentista Francesco Guicciardini (1483-1540). A ideia salta aos olhos já nas primeiras páginas da mais famosa obra escrita pelo contemporâneo de Da Vinci, a *Storia d'Italia* [História da Itália]: Alexandre era, de fato, dono de uma personalidade invulgar. A natureza do papa recém-eleito era conhecida por todos. Alexandre era homem de uma diligência incomum, de uma sagacidade singular. Era um excelente conselheiro, dotado de uma maravilhosa eficácia para persuadir e que, exatamente por isso, conduzia todos os assuntos com solicitude e destreza inacreditável. Todavia, emendou Guicciardini, havia nele outra face, a de um sujeito de "costumes obsceníssimos, sem sinceridade, sem vergonha, sem verdade, sem fé, sem religião, de avareza insaciável, ambição imoderada, crueldade mais do que bárbara e uma ardente cupidez para exaltar os filhos de qualquer maneira" (*Storia d'Italia*, 1832, 1, p. 77-78).

Em descrições como essas, o favorecimento à família é um dentre vários vícios. A devoção tirânica aos filhos é apenas um dos muitos e lamentáveis traços da natureza do supremo pastor católico. Não aos olhos de Gregorovius. Nas páginas escritas por ele, a exaltação dos filhos torna-se a fonte de todos os demais males praticados pelo papa. Como dissemos, o deslocamento de ênfase é sutil, mas impactante sobre as maneiras de explicar o passado: a rainha das causas históricas é o sangue Bórgia – e não apenas para o que se passou dentro da Cúria Romana.

Na realidade, para Gregorovius, este aspecto singular da natureza de Alexandre era o principal causador dos infortúnios que recaíram sobre toda a Itália de 1500. Tudo foi uma questão de tempo. Tempo para que essa índole maldita aflorasse por completo. Durante os primeiros meses do governo pontifício, ela permaneceu oculta, mascarada de algum modo. No início o papa se mostrava um regente cuidadoso e sensato. Quem ouvia suas audiências meticulosas deixava o palácio apostólico acompanhado pela certeza de que a justiça havia ganhado um defensor incansável. Os oficiais e magistrados da Cúria passaram a receber seus pagamentos pontualmente, após o papa pôr um fim aos abusos administrativos. As aparências não eram mantidas apenas nas câmaras e nos corredores do palácio apostólico. Nas ruas e praças, ninguém imaginava o que o futuro reservava. Alexandre moderava pessoalmente os preços praticados nos mercados, sobretudo os dos pães, matéria principal na alimentação dos pobres. "Roma estava calma e contente" (GREGOROVIUS, 1900, p. 333).

Porém, o grande vício estava semeado no jardim da política romana. As virtudes cultivadas pelo novo Vigário de

Cristo seriam devoradas por uma força implacável, uma peste que circulava em suas veias: a obsessão por favorecer o próprio sangue. Alexandre caiu na "imprudência do nepotismo desde a primeira hora do seu pontificado". O historiador alemão não fez rodeios na avaliação: "foi, de fato, seu amor apaixonado por seus filhos que se demonstrou fatal para ele e a Itália" (GREGOROVIUS, 1900, p. 334). A opinião de Gregorovius fez escola. Basta ler como Von Pastor pensou sobre o assunto pouco depois. Por um momento, Alexandre deve ter considerado a ideia de restringir sua ambição familiar e dedicar-se aos seus deveres de pastor; mas, "infelizmente, essas boas intenções tiveram vida curta, pois seu incomum apego à sua família logo irrompeu novamente" (PASTOR, 1906, vol. 5, p. 397).

Este amor arrastou Sua Santidade para uma vida de crimes, "da qual, de outro modo, ele provavelmente teria escapado" (GREGOROVIUS, 1900, p. 334). Ademais, o novo papa seguia o exemplo ensinado pelo tio, Alfonso Bórgia (1378-1458), que reinou como Papa Calisto III. Tal como fizera o falecido parente, Alexandre dispôs dos bens e cargos da Igreja para enriquecer a família. Logo no dia da coroação, ele promoveu seu filho, César (1475-1507), a arcebispo de Valência. Pouco depois, o elevou a cardeal.

A carreira de César era uma verdadeira sucessão de afrontas a 300 anos de lei canônica. A norma era conhecida desde o século XII: quando se trata das sagradas ordens do clero, devem ser investigados com rigor a idade, os hábitos e o conhecimento dos candidatos. E para impedir que diversos abusos fossem cometidos contra a Igreja, o próprio papado havia determinado: ninguém pode ser eleito bispo se não tem trinta anos completos e se é filho de matrimônio ilegítimo (Lateranense III; MANSI, 1961, 22, p. 218). Em 1215, novas exigências foram acrescentadas: todos os sacerdotes deveriam viver em continência e castidade, evitando a sensualidade, mal que contamina o coração e desperta a cólera de Deus (Lateranense IV; GARCÍA Y GARCÍA, 1981, p. 62). Todos esses cânones, solenemente anunciados em concílios ecumênicos, foram desmoralizados pela própria Santa Sé. Gregorovius recorreu ao ácido livro de Karl Höfler, *Don Rodrigo de Borja (papst Alexander VI) und seine söhne* ["Dom Rodrigo Borja (Papa Alexandre VI) e seus filhos"] para descrever a trajetória eclesiástica ultrajante: César foi declarado apto para a ordenação clerical aos 6 anos de idade; foi nomeado preboste de Abar com 9 anos e bispo de Pamplona aos 15 anos; arcebispo de Valência e cardeal aos 18.

A cada novo degrau galgado na hierarquia eclesiástica, sua biografia pisoteava as santas normas da Igreja como flores mortas. E, a exemplo do pai, cuja vida sacerdotal fora partilhada ao lado de três mulheres e oito filhos, César se esquivou do celibato e da castidade como se enfrentasse as privações mais abomináveis. A vida sexual do cardeal não chocou apenas o juízo dos adversários. Homens de confiança do Papa Bórgia, como o notário Johann Burchard (1450-1506), relatavam episódios de extremo erotismo. Caso do banquete de 1501. Com o papa, a irmã e distintos convidados reunidos para cear em sua homenagem, César trouxe 50 prostitutas até o palácio apostólico. Após as mulheres se despirem, os convidados atiraram castanhas ao chão, para vê-las engatinharem, nuas, entre os candelabros. Em seguida, teve início uma competição. Belas coleções de seda e joias foram oferecidas como prêmio para quem possuísse o maior número de prostitutas, à vista de todos (*Diarium sive rerum urbanarum comentarii*, 1884, 3, p. 167). Os boatos sobre o prostíbulo abrigado no Vaticano circulavam pela península, como demonstram algumas cartas enviadas, por exemplo, a Maquiavel (1469-1527) (VILLARI, 1912, 1, p. 558-560).

Anos antes, Rodrigo havia empenhado seu prestígio de cardeal para convencer o rei da Espanha a vender-lhe o título de *Duque de Gandia*, o qual assegurou para o filho mais velho, Juan (1475-1497). Uma vez papa, ele promoveu o duque a governador dos territórios de São Pedro e capitão-geral dos exércitos papais. Em novembro de 1492, ele anulou secretamente o noivado da filha Lucrécia (1480-1519) com um nobre espanhol. A união não condizia com o elevado *status* de "filha do papa". Alexandre procurava por um casamento politicamente mais vantajoso. A mão da jovem foi oferecida ao irmão do Cardeal Ascanio Sforza. As núpcias de Lucrécia selaram o pacto que rendeu o papado ao pai. Por fim, o sacramento do matrimônio serviu de barganha para outra aliança quando o caçula, Joffré (1482-1522), casou-se com a herdeira do reino de Nápoles. Joffré tinha 13 anos (GREGOROVIUS, 1900, p. 334-349).

Vasculhando manuscritos raros, o historiador mapeou as dezenas de indicações e promoções realizadas a favor de quem carregava o mesmo sobrenome do pontífice. Na Cúria, as vantagens passaram a ser multiplicadas por cinco, número de cardeais Bórgia criados por Alexandre. Após abocanhar uma grande fatia do Sacro Colégio, a linhagem estendeu seus tentáculos sobre diversos bens, tanto espirituais, quanto seculares. Vilas no interior da cidade, postos de comando na guarda apostólica, fortalezas nos arredores romanos: a lista de benesses concedidas era imensa, pois o papa estava empenhado em favorecer não só os filhos, mas qualquer um que reivindicasse parentesco. Gregorovius pareceu encontrar um tom de sarcasmo nas linhas incrédulas que Gianandrea Boccaccio (?-?), embaixador do duque de Ferrara, escreveu em novembro de 1492: "Dez papados não teriam sido suficientes para satisfazer este enxame de parentes" (GREGOROVIUS, 1903, p. 49).

Deste ponto em diante, a teia de relações políticas que os Bórgia costuraram com os fios de sua vida familiar os prendeu a uma década de inimizades, conflitos e traições. Os assuntos da Igreja, fossem eles guerras ou caridade, se converteram em questões de parentela. Gregorovius insistiu com veemência neste argumento. A tal ponto que, aos seus olhos, a consciência de Alexandre só se abriu para as preocupações com a Reforma da Igreja após o papa ser atingido pela tragédia do assassinato do filho Juan. A narrativa do historiador alemão é envolvente a ponto de fazer o leitor ressentir a dor do pai.

Não bastasse ter recebido a notícia de que pescadores haviam retirado das águas imundas do Tibre o cadáver do primogênito, que sequer completara 24 anos, Alexandre chorava a certeza de sepultar o único filho que encontrara a própria família. Esfaqueado nove vezes das coxas à cabeça, Juan deixou esposa e filho na Espanha. Após aceitar o "terrível destino, Alexandre se trancou no palácio. Ouviam-no chorando no quarto. 'Eu conheço seu assassino', dizia-se que ele exclamava. Ele não comia ou bebia, sequer dormia da manhã de quinta-feira até o domingo" (GREGOROVIUS, 1900, p. 420).

Em luto, curvado pela dor, ele convocou um consistório. "Com a respiração em suspenso, os cardeais ouviram o discurso: 'tivesse eu sete papados, teria dado todos eles pela vida de meu filho'". Em seguida, disse que não mais pensaria no poder ou em sua vida, mas somente na Reforma da Igreja. "Alexandre demonstrava-se tão devastado que escreveu ao rei da Espanha sobre sua abdicação". Mas que o talento narrativo do erudito alemão não nos engane. Para Gregorovius, o Papa Bórgia sofria a dor pela família. Nada havia em sua alma que indicasse um despertar espiritual. Suas intenções de Reforma não passavam de ferroadas na consciência. Quando os cardeais apresentaram sua redação para as leis que endireitariam a vida na Igreja, Alexandre se opôs sem titubear, alegando que a liberdade do papa seria restringida por aquelas medidas (GREGOROVIUS, 1900, p. 421-423).

A morte de Juan surge na narrativa como o símbolo maior da ruína que pulsava no sangue Bórgia. Mesmo sem provas efetivas, o papa foi moralmente convencido que o assassino era César, o irmão da vítima. Gregorovius relutou a dar ouvidos aos boatos que circularam após o crime e que podiam ser lidos em diversos registros históricos. Não lhe pareceram dignos de crédito os rumores de que Lucrécia tinha atiçado a paixão criminosa entre os irmãos, levando-os a disputá-la entre os lençóis e as espadas. Isto não passava de calúnia rasa. Por outro lado, o historiador foi convencido pela versão de que as ambições de César exigiam a morte do irmão. Juan era "um insuportável obstáculo em seu caminho". Ao papa restava perdoar o assassino, um novo Caim. Pois Alexandre "era mantido sob o encantamento da terrível força de vontade do filho". O assassinato cortou a coleira que prendia uma natureza impiedosa. Agora, o jovem Bórgia deixaria correr solta sua "lógica de crimes" (GREGOROVIUS, 1900, p. 424-428). Gregorovius é diretamente responsável pela consolidação da chamada "tese da desculpa". Trata-se da interpretação que põe Alexandre VI na dependência de César durante o reino de terror que se instalou no centro da Península Italiana nos 5 anos finais do pontificado Bórgia (PASTOR, 1906, vol. 6, p. 3-184).

César deixou o cardinalato. Sob as bênçãos papais, ele assumiu o posto do irmão falecido e se tornou comandante das tropas romanas. "E então se iniciou a carreira de César como príncipe, o mais terrível drama nos anais do papado secular". À frente de mercenários, o jovem Bórgia acumulou vitórias. Em novembro de 1499, ele colocou em marcha o plano de conquista da Romagna. Três anos foram tudo o que César necessitou. Imola, Forlí, Rimini, Pesaro, Faenza caíram sob sua espada. Durante todo este tempo, os romanos testemunharam "o terrível espetáculo da erupção moral de Roma, na qual um inferno inteiro de crimes foi vertido sobre o mundo" (GREGOROVIUS, 1900, p. 453-454). César estrangulou o príncipe de Bisceglie – um dos muitos maridos de Lucrécia. Orientado por seu filho, Alexandre encarcerou cardeais no Castelo de Santo Ângelo. Em seguida, passou a envenená-los. Mas o revide não tardou. Em agosto de 1503, quando o papa caiu doente, vomitando e ardendo em febre, poucos tiveram dúvida: "rapidamente, todos acreditaram em veneno" (GREGOROVIUS, 1900, p. 519).

Pai e filho arrastaram a Santa Sé para a tirania: "sob as ruínas da antiga Igreja, eles se sentavam em câmaras suntuosas, governantes absolutos". A suprema autoridade dos cristãos se rendeu à sede de poder e prazer. Neste mundo, não havia redenção para aqueles homens. Afinal, quando o egoísmo se transformava em característica dominante na natureza dos líderes, a consciência dos indivíduos e o sentido moral da lei acabavam destruídos. Protagonistas do renascimento da cultura italiana, Alexandre e César foram os modelos humanos que inspiraram Gregorovius a compor uma conclusão célebre: "os Bórgia representaram o renascimento do crime, pois o crime se tornou uma obra de arte em suas mãos" (GREGOROVIUS, 1900, p. 427-431).

Os Bórgia ou o passado como réu

Ambição desenfreada e força do sangue. Assim Gregorovius resumiu a história do papado sob os Bórgia. A fórmula não era inédita, mas ganhou novo impulso pelas mãos do historiador alemão, que a consagrou. Reencontrá-la é tarefa fácil. Pois, desde o século XIX, nós, aparentemente, nunca a perdemos de vista. Observe-se, por exemplo, a maneira como a editora britânica Constable decidiu divulgar a abordagem sobre o tema realizada por Christopher Hibbert. Lançado em 2009 com o título de *The Borgias* ["Os Bórgia"], o livro de Hibbert – um exímio biógrafo octogenário – foi apresentado como uma narrativa sobre a dramática ascensão de uma dinastia, desde suas raízes espanholas até a mais alta posição na sociedade renascentista através do suborno, do casamento e do assassinato. Logo na capa, os editores estamparam uma frase de efeito para indicar ao leitor o que esperar daquelas páginas: "um conto de cobiça, nepotismo, assassinato e disputas implacáveis pelo poder". O mais intrigante está por vir. Embora reproduzisse o velho olhar sobre o tema, a Editora Constable assegurou que o livro de Hibbert "remove as camadas de mito ao redor da Família Bórgia e cria um retrato vivo, com drama e verve" (HIBBERT, 2009). Com tal *marketing*, o novo já nascia velho.

Como em Gregorovius, os Bórgia se tornaram uma espécie de vilões preferidos. Essa reputação marca o memorável *The Bad Popes* ["Os papas perversos"], livro que Eric

Russell Chamberlin publicou em 1969. Não por acaso, Russell concluiu o capítulo dedicado ao "touro espanhol" – o Papa Alexandre VI – com uma passagem documental que coroava essa imagem. O trecho contém este testemunho sobre Rodrigo Bórgia: "não havia religião nele. Ele não tinha cuidados para a justiça. Sua ambição era sem limites. Ainda assim, seus pecados não encontraram punição neste mundo, ele prosperou até o último de seus dias. Numa palavra, ele foi mais perverso e mais sortudo do que, talvez, qualquer papa dos séculos anteriores" (CHAMBERLIN, 1993, p. 204). Este julgamento reforça a certeza de que os Bórgia foram incomparáveis. Devotado ao nepotismo, como se família fosse sua verdadeira religião, Alexandre teria sido extraordinário de um modo sinistro. Único em cometer práticas deploráveis. Inalcançável no desprezo pela fé dos Evangelhos.

Desde então, não haveria espaço para dúvidas: Alexandre elevou os escândalos da Igreja a um patamar terrivelmente inesquecível. A máxima se tornou cada vez mais familiar, apesar de muitos registros históricos não a confirmarem. Em meados do século XVII, Giacinto Gigli (1594-1671), importante homem de letras de sua época, descreveu assim a morte do Papa Urbano VIII (1568-1644): "as pessoas injuriavam o papa morto, suas penas escreviam as maiores torpezas, e havia um número infinito de textos, alguns em latim, alguns em italiano, outros em prosa e ainda outros em verso. Acredito que nunca houve nada assim antes..." (HERMAN, 2012, p. 141). Na memória de Gigli, não havia sinal do monstruoso Papa Alexandre. As ações do Bórgia eram poeiras do tempo perto do que tinha sido feito pelo pontífice recém-falecido. Todavia, a convicção persiste: nosso consenso elege Rodrigo Bórgia o pior papa da história – a constatação foi feita por John Allen

(2014, p. 60) num livro recentemente publicado com o sugestivo título *The Catholic Church: what everyone needs to know* ["A Igreja Católica: o que todos precisam saber"].

Poucos católicos se atreveram a desafiar este julgamento. Membro da Comissão Histórica Pontifícia, o professor irlandês Eamon Duffy não destoou desta interpretação ao compor o conhecido livro *Santos e pecadores: história dos papas*. Segundo ele, "a sóbria verdade sobre o apetite sexual e a devoção sincera que ele tinha pelos familiares eram suficientemente escandalosas" para fazer de "Alexandre, sem dúvida, o papa mais notório do Renascimento" (DUFFY, 1998, p. 146). Outro caso emblemático é o de Juan María Laboa Gallego. Teólogo formado pela Universidade Gregoriana de Roma, o autor se viu impotente para criticar o que considerava ser a feroz lenda negra criada em redor do Bórgia. Em sua *Historia de los papas* ["História dos papas"], Gallego empenha-se para despertar em seus leitores alguma solidariedade perante "as acusações falsas contra um dos papas mais caluniados da história, obra de seus inumeráveis inimigos". Mas os argumentos perderam força à medida que o autor católico admitiu: o Bórgia submeteu a Santa Sé aos interesses imorais, prepotentes e desmedidos de sua família. Com isso, os argumentos oferecidos em defesa da reputação pontifícia pouco convencem. Sem saída, Gallego recua e agarra-se à tímida opinião certa vez formulada por João Paulo II (1920-2005) sobre Alexandre VI: "não foi muito edificante" (GALLEGO, 2011, p. 280-286).

Um dos poucos autores a apostar no revisionismo foi o jornalista G.J. Meyer. Lançado em 2013, o livro *The Borgias: a hidden history* ["Os Bórgia: uma história oculta"] vira do avesso a visão dominante há mais de 150 anos. Já na primeira página, Meyer anuncia: "minha promessa é que qualquer leitor que possua algum conhecimento sobre os Bórgia será surpreendido pelas páginas a seguir" (MEYER, 2013, p. xxvii). O propósito é ambicioso. Ao longo de 21 capítulos, somos guiados por um empenho para, finalmente, dar ouvidos à crítica realizada por John Humphreys Whitfield (1906-1995). Sete décadas atrás, este professor britânico alertou: já era tempo de surgir uma "revisão a favor dos Bórgia" capaz de repensar a reputação maligna que "historiadores magistrais do século XIX, como Ferdinand Gregorovius", pareciam ter colocado fora do alcance de qualquer dúvida. Meyers atendeu ao chamado do falecido professor inglês. Era preciso redimir os Bórgia.

Da página inicial ao ponto-final, o livro segue um único fio condutor. Todos os capítulos são exercícios de reflexão e demonstração sobre o mesmo argumento central. Ou, melhor dizendo, sobre uma constatação elementar. Segundo o jornalista, o cerne do "problema Bórgia" era simples. Os historiadores e leitores de um modo geral aceitavam como verdadeiras as acusações mais sombrias, embora as evidências oferecidas fossem irrisórias. Assim ocorreu porque quem registrou aquelas incriminações eram aliados ou favoráveis a duas forças hostis a Alexandre VI: o Papa Júlio II e a Reforma Protestante. Júlio era ninguém menos que o Cardeal Giuliano della Rovere. Derrotado por Rodrigo no conclave de 1492, Giuliano passou anos exilado, empenhado em angariar apoio para a deposição de seu rival. Quanto aos protestantes, basta dizer que Alexandre se tornou alvo fácil para a recriminação dos excessos cometidos pelos papas. Em outras palavras, a história dos Bórgia fora escrita por seus inimigos. Por isso "todo crime concebível lhes era creditado" (MEYER, 2013, p. xxix).

Portanto, os registros históricos produzidos sobre os Bórgia eram manipulações ideológicas grosseiras ou pior, peças de difamação baseadas em boatos e nada mais. De qualquer modo, a lição é a mesma: a documentação é enganosa. Dos diversos exemplos criados por Meyer ao longo do livro, bastam dois para demonstrar como ele defende sua tese. Vamos a eles.

O primeiro é a célebre carta enviada ao então Cardeal Rodrigo Bórgia pelo Papa Pio II (1405-1464). Escrita em junho de 1460, a epístola é única. Não se tem notícia de um texto similar a respeito do comportamento pessoal de um membro do Sacro Colégio. A carta é uma dolorosa repreensão. Pio a inicia dizendo que três dias antes lhe chegara aos ouvidos uma notícia apavorante. Bórgia e outro cardeal foram vistos festejando com um grande número de mulheres nos jardins da casa de um amigo, em Siena. As damas mais jovens chegaram acompanhadas pelos pais; outras, pelos maridos ou um irmão. Em certo momento, os homens foram expulsos. Os divertimentos dos cardeais exigiam liberdade. Em meio a danças imorais, Rodrigo se portou como o homem mais vulgar de sua idade. Embriagado de vinho, ele se entregou a jogos libertinos por um dia inteiro. Pio escrevia as palavras com tintas de vergonha e de cólera: "vossas faltas refletem sobre nós e vossa juventude não pode ser alegada em vossa defesa" – advertiu o papa, que prosseguiu – "se tais atos se repetirem, nossas censuras serão lançadas em termos tais que vos farão ruborizar" (MEYER, 2013, p. 101-102). Amplamente citada por historiadores e autores em geral, a carta é tida como registro cabal das orgias praticadas pelos Bórgia.

"Cautela"! É quase possível ouvir a palavra ecoar do texto Meyer. "Não façamos uma leitura apressada desta carta", ele nos adverte. Pois é necessário distinguir aquilo que Pio sabia e o que ele supunha ser verdade. Apesar da dor, o papa "reconhecia que lidava com um ouvir dizer – com algo que 'me foi dito'" (MEYER, 2013, p. 103). Além disso, notemos a elevada condição social das pessoas envolvidas, já que a festa ocorreu nos jardins de um estimado amigo do papa. Agora observemos com cuidado: a narrativa nos diz que os convidados masculinos, indivíduos de considerável padrão social, foram barrados ou retirados enquanto as mulheres de suas famílias se entregaram às horas de uma festividade obscena com os cardeais. Tal mácula teria sido imposta a senhoras da elite de Siena numa época em que os homens carregavam espadas e estavam preparados para matar por questões de honra. "O melhor que pode ser dito sobre esta história é que ela força a credulidade até um ponto crítico. Ela soa ridícula para ouvidos do século XXI" – conclui o jornalista (MEYER, 2013, p. 103).

Passemos ao segundo exemplo. Trata-se das justificativas oferecidas por Meyer para desqualificar o registro feito por Francesco Guicciardini a respeito do conclave que elegeu Alexandre VI. Este historiador renascentista é um dos nomes mais citados quando se trata de provar que Rodrigo Bórgia devia sua ascensão à corrupção. A eleição foi, segundo Guicciardini, algo medonho e abominável. Durante o conclave, os cardeais não se envergonharam de recorrer ao nome da autoridade celeste para traficar vantagens e privilégios inteiramente mundanos. Das fortunas pessoais aos altos cargos e ao tesouro das igrejas, tudo foi empenhado em negociatas para eleger o cardeal que estava entre os "antigos e maiores da Cúria". Marcada pela "infâmia e pelo justo ódio dos homens", a eleição prenunciava o comportamento e os procedimentos deploráveis do novo pontífice (*Storia d'Italia*,

1832, 1, p. 77). Esta versão é sustentada ainda por outros relatos (*Diario della Città di Roma*, 1890, p. 283).

Segundo Meyer, tais "alegações requerem um exame mais detalhado do que elas usualmente recebem" (MEYER, 2013, p. 174). Pois, no momento em que escreveu sua versão, Guicciardini era um estudante de 19 anos que nunca colocara os pés em Roma à época dos Bórgia. Além disso, à medida que envelheceu, ele absorveu a hostilidade que sua cidade natal, Florença, mantinha contra o papado de modo geral e, especificamente, contra Alexandre VI. Suas opiniões replicavam "os mais finos produtos dos panfletários antibórgia que floresciam nas décadas iniciais do século XVI". O arremate da crítica é ligeiro: "apesar de pioneiro no uso da evidência documental, Guicciardini não possuía documentos críveis para realizar o registro do conclave de 1492 e [contou com] pouco mais que boatos para recorrer quando lidou com a vida dos Bórgia" (MEYER, 2013, p. 175).

Desde o século XIX, a necessidade cultural de personificar o "Grande Inimigo" tem levado gerações de historiadores e escritores a reproduzir uma leitura superficial da documentação. À primeira vista, Meyer parece atribuir tal necessidade ao gosto comum por histórias desgraçadas, especialmente quando permitem difamar e enxovalhar a vida alheia. Sob este ponto de vista, os historiadores de hoje são contagiados pela satisfação mexeriqueira dos renascentistas, que se deleitavam servindo uns aos outros falatórios bem temperados com exageros e omissões de toda sorte. Por essa razão, os estudiosos se esquecem de peneirar a documentação e remover as injúrias que saciam a curiosidade, mas confundem o conhecimento histórico.

Mas, o leitor atento pode captar outro argumento. Em diversas passagens, Meyer sugere, de maneira sutil, que a "lenda negra" sobre os Bórgia tem outra causa, de fundo psicológico. Trata-se do seguinte pressuposto, implícito: para nós, ocidentais, viver em sociedade faz mais sentido quando a maldade ganha rosto e nome. Pois nossa sensação de segurança é renovada quando colocamos sobre os ombros de um indivíduo a culpa pelas mazelas de nossa vida coletiva. Quando pensamos assim, nos convencemos mais facilmente de que o mal não é um fenômeno social, que diga respeito a todos nós. O mal é menos assombroso quando tem identidade, voz e, consequentemente, finitude. Como Nero ou Mussolini, a monstruosidade de Alexandre faz ver que a maldade não é comum ou generalizada (MEYER, 2013, p. 419). É possível apontar o dedo e revelar o culpado por nossas desventuras coletivas.

Corajosa, arrojada, a leitura proposta por G.J. Meyer floresceu a partir de um equívoco crucial: rebaixar o valor histórico da gigantesca massa documental do século XVI por considerá-la "parcial". Ora, não há documento – sequer historiador – imparcial. Toda perspectiva contém algo pertinente sobre o passado. Escrever história não é travar uma batalha ideológica na qual se deve escolher um "lado". Sim, de fato, os principais registros de que dispomos são carregados de propaganda antibórgia. Mas isso não quer dizer que as informações e a versão dos acontecimentos aí contidas sejam invencionices com escassos pontos de contato com a realidade. Seria uma trama impressionante, digna de um complô conspiratório cinematográfico, que personalidades tão díspares, situadas em diferentes contextos do Renascimento, tivessem se engajado em fraudar a realidade para distorcer, unanimemente, a imagem dos Bórgia.

Pois a saga do Papa Alexandre VI e sua família surge em um amplo espectro de narrativas. Não é incorreto dizer que muitas estavam unidas pela aversão aos Bórgia. Tal é o caso de dezenas de páginas escritas por Francesco Guicciardini (*Storia d'Italia*, 1832, 1, p. 34-169); dos livros escritos por Sigismondo dei Conti (1432-1512), um ilustre homem de letras que, após servir o papado por décadas, rompeu com Alexandre e vestiu como sua a hostilidade de Júlio II pela linhagem espanhola (*Le Storie de suoi tempi dal 1475 al 1510*, 1883, 257-440); das anotações de Stefano Infessura (1435-1500), notário que descreveu os eventos romanos sob a ótica da Família Colonna, cujo ressentimento se tornou mais e mais virulento à medida que suas terras, fortalezas e palácios foram tomados por César Bórgia (*Diario della Città di Roma*, 1890, p. 281-300).

Mas nem todos os registros cabem nesta classificação. Como os impressionantes 58 volumes de anotações deixadas pelo historiador Marino Sanuto (1466-1536), filho de um senador de Veneza, cidade com a qual o Papa Bórgia firmou alianças (*I Diarii di Marino Sanuto*, 1903). E, especialmente, os escritos de Johann Burchard, bispo germânico que chegou à Cúria Romana recomendado por um admirável domínio do direito canônico e se tornou notário de confiança do próprio Alexandre. Burchard é uma fonte privilegiada de descrições sobre as orgias realizadas pela família espanhola nos palácios apostólicos em pleno domingo, "dia do Senhor" (*Diarium sive rerum urbanarum comentarii*, 1884, 3, p. 167). Neste caso, o que fazer? Desacreditá-lo, dizendo que o bispo imaginava tais festas porque julgava não ter sido convidado? – como afirmou Volker Reinhardt em um exemplo constrangedor de especulação histórica (REINHARDT, 2013, p. 92).

O esforço de Meyer para reabrir a história dos Bórgia merece respeito. Mas sua obra acaba desviando o leitor da preocupação realmente relevante para a compreensão. O que se espera de um olhar histórico não é a redenção do agitado papado de Alexandre VI, mas explicá-lo. Ao invés de se embrenhar em uma luta contra fatos generosamente narrados e então tentar desmontá-los, o historiador deve se preocupar com as razões que levaram nossos antepassados a registrá-los. Um ótimo exemplo é a explicação oferecida por Marco Pellegrini para o nepotismo Bórgia. Vejamos.

Segundo o autor italiano, quando os Bórgia trilharam suas carreiras eclesiásticas uma lembrança ainda assombrava o papado. Era o "Cisma do Ocidente". Entre 1378 e 1417, a Cristandade possuiu dois papas, um em Avignon, outro em Roma. Na memória que circulava em Roma no final do século XV, o colégio de cardeais tinha sido a grande força por trás daquela divisão. Composto por duas facções poderosas, o Sacro Colégio se dividiu e cada partido elegeu seu próprio papa por décadas a fio. Desde que a unidade da Santa Sé fora reconquistada, os papas se empenharam para cimentá-la, governando com mãos de ferro. Quando Pio II e Sisto IV (1414-1484) partiram dessa vida, deixaram para trás uma Igreja fortemente centralizada, com a autoridade pontifícia exaltada como nunca acima de todas as demais vozes clericais. Mas o fantasma daquela ruptura ainda vagava pela Cúria. Havia um medo latente de que a concorrência entre as linhagens às quais os cardeais pertenciam sequestrasse sua obediência. Afinal, os príncipes da Igreja estavam agrupados pelos laços de poucas e tradicionais famílias, como os Della Rovere, os Colonna, os Orsini. A concorrência entre eles poderia rachar novamente a cúpula da Igreja em facções inconciliáveis. "Esta situação irresoluta foi herdada por Alexandre VI em 1492" (PELLEGRINI, 2002, p. 14).

Os rumores ganharam vida quando Carlos VIII (1470-1498), monarca da França, surgiu nos horizontes das paisagens italianas. Em 1494, a invasão da península levou o rei até os portões de Roma como inimigo político e militar declarado do Papa Bórgia. Carlos cavalgava pelas terras italianas com um grupo de cardeais dissidentes. Entre eles, estava Giuliano Della Rovere, esperançoso de que o rei levasse Alexandre a julgamento e o depusesse. A incursão militar francesa escancarou as tensões que o papa e o Sacro Colégio vivenciavam desde o conclave. O nepotismo dos papas renascentistas deve ser compreendido à luz desta realidade. O favorecimento da própria família cumpria uma função política: redirecionando recursos da Igreja para filhos e parentes, o Papa Bórgia estruturava um grupo leal à sua autoridade e, simultaneamente, enfraquecia a tendência de cisão interna da Cúria. O nepotismo era uma tática de enfraquecimento institucional do colégio de cardeais. "O desejo 'carnal' de promover as carreiras de parentes e filhos era muito vivo em Alexandre, mas seu principal objetivo era prevenir qualquer tentativa de uma facção hostil de cardeais de depô-lo", conclui Pellegrini (2002, p. 17).

Quando se trata da história, não devemos fechar a mente e ouvir exclusivamente o alarde que se faz em torno das consequências negativas do nepotismo. Em diferentes contextos, a prática surtia efeitos úteis à organização política do papado. Ela permitiu que os pontífices contornassem diversas fragilidades institucionais, ofereceu suportes para reivindicações territoriais, bem como meios para aprimorar um controle sobre as estruturas da Cúria Romana. Por essas razões, não faltou quem enxergasse uma face louvável no nepotismo. Era o que pensava um clérigo do século XIV, chamado Lambert de Huy (?-?). Segundo ele, o papa deveria confiar, acima de tudo, em parentes, amigos e devotos, presenteando-os e enriquecendo-os sempre que possível. Seria desumano que ele conferisse a estranhos, ignorando seus parentes de virtudes iguais ou superiores, os cargos que a Igreja entregava aos laicos. Lambert ostentava uma grande certeza quanto a isso: "é sábio e louvável que o papa continue, como fez no passado, a se preocupar com os parentes queridos e amigos, pois, como diz o antigo provérbio, 'não é bom amarrar estranhos ao próprio umbigo'" (CAROCCI, 2006, p. 128). O nepotismo era uma prática autorizada pela tradição e propícia para um bom governo papal.

O nepotismo Bórgia não pode ser separado das demais iniciativas de promoção de cardeais realizadas pelo papa. Alexandre promoveu diversos clérigos de sangue real ou vinculados a certas realezas. Ele deliberadamente favorecia os monarcas que haviam demonstrado a tendência para apoiá-lo contra os planos do rei da França. É importante, igualmente, observar os eclesiásticos espanhóis que receberam o chapéu púrpuro após 1492. A maciça maioria era natural de Valência e da Catalunha: "sua linguagem comum e origem geográfica ajudavam a uni-los e a cerrar fileiras contra agrupamentos rivais" (PELLEGRINI, 2002, p. 19). O poder angariado por Alexandre graças a sua estratégia doméstica despertou inúmeros protestos das aristocracias italianas, fomentando a "lenda negra" que o envolveria. A propaganda antibórgia foi atiçada por razões palpáveis, de forte cunho político. Tentar desconstruí-la, reduzindo-a a manobras retóricas, é ocultar a história que a fundamenta.

Todavia, Meyer tem razão em um ponto. Há um "problema Bórgia" no estudo da história. Desde o século XIX, tudo o que diz respeito a esta família é colocado de modo visceral, superlativo. Os vícios parecem sempre maiores quando se trata de Alexandre VI, os comportamentos são apresentados com tons de degeneração e corrupção sem iguais, que parecem nunca ter se repetido. Em consequência, o tema fica colocado nos termos de um "ou tudo ou nada": ou se está a favor ou contra os Bórgia. Não é improvável que o empenho para explicar a história dos Bórgia seja visto como uma estratégia acadêmica para absolvê-los. Mas por que o tema desperta tal radicalismo? Uma resposta pode ser encontrada se retornarmos a Gregorovius.

Um mito da integridade nacional

Escrevendo nos idos de 1870, Ferdinand Gregorovius encontrou no papado dos Bórgia um precedente do maior mal que, em sua visão de mundo, atormentara alemães e italianos ao longo da história: a falta de uma unidade nacional. O argumento compõe as linhas de estreia da famosa biografia *Lucretia Borgia*, publicada em 1874. O capítulo 1 é aberto por uma constatação emblemática: "como os aragoneses, os Bórgia também fizeram parte dos conquistadores da Itália, ganhando para si honras e poder e afetando profundamente o destino de toda península" (GREGOROVIUS, 1903, p. 3).

Gregorovius fez dos Bórgia muito mais que personagens. Ele os coroou como o símbolo da ação estrangeira que mina a unidade nacional de dentro. Por isso, Alexandre é mais execrável que Sisto IV ou Clemente VII (1478-1534), embora todos eles tenham governado a Igreja com seus laços familiares. Alexandre foi o estrangeiro. Graças a suas ações, a fortuna dos italianos foi drenada para outras plagas e a comunhão espiritual de compatriotas não tinha emergido na península até então. Após o conclave de 1492, "o Vaticano foi preenchido de espanhóis, parentes ou amigos da então todo-poderosa casa, que tinha ansiosamente corrido para lá em busca de fortuna e honra" (GREGOROVIUS, 1874, p. 49). Estrangeiro, o pontífice Bórgia se comportaria como abutre das riquezas italianas: o governo da península era uma carcaça a ser disputada e consumida.

Liderados por um homem com quem não partilhavam sua identidade cultural, os italianos foram presas fáceis para o jovem rei Carlos VIII. A marcha francesa "através da Itália é a mais humilhante de todas as invasões que a península sofreu; contudo, ela revela que, quando os estados e povos estão preparados para a destruição, a força de um garoto débil em espírito é suficiente para trazer a ruína sobre eles" (GREGOROVIUS, 1874, p. 90). A desunião italiana favorecia os Bórgia. Depois da passagem do monarca – afirma Gregorovius – Alexandre estabeleceu um controle mais firme sobre o trono de Pedro, e os "Bórgia seguiram adiante ainda mais audaciosamente porque a confusão provocada nos assuntos da Itália pela invasão de Carlos tornou mais fácil a realização de suas intenções" (GREGOROVIUS, 1874, p. 91).

Quando era conveniente, Alexandre manipulava o sentimento nacional italiano a seu favor. Porém, ainda que carismático e engenhoso, ele não conseguiria êxito sempre, pois não poderia esconder o fato de ser um estrangeiro. Este modo de explicar o passado não desapareceu com o velho Gregorovius. Observe-se como Volker Reinhardt explicou o fracasso do papa para sustentar Juan Bórgia em uma tentativa de conquistar o interior rural de Roma: "os esforços de Alexandre VI em conquistar aliados para o seu lado não deram em nada. Sua palavra de ordem 'A Itália para os italianos' não funcionou dessa vez. Estava excessivamente óbvio que não se tratava de uma luta pela defesa nacional" (REINHARDT, 2013, p. 164). Escrita originariamente em 2007, esta passagem mostra que a fórmula explicativa empregada pelo historiador alemão ainda não desbotou. Antes o contrário. Em obra ainda mais recente, Eleanor Herman (2012, p. 166) foi taxativa ao afirmar que os romanos aprenderam a detestar os papas estrangeiros durante o governo de Alexandre VI, "o horripilante espanhol que aterrorizou a Itália, erigindo um império para César, seu filho psicopata, assassino e estuprador, que, ao cavalgar corajosamente até as frentes de batalha, usava um véu negro para esconder o fato de que a sífilis havia carcomido seu nariz".

A lembrança do homem de armas desfigurado por pústulas foi criada por Paolo Giovi (1483-1552), historiador florentino. Era uma imagem impactante. Reiteradamente elogiado por sua beleza, implacável, vaidoso, César teria terminado a vida castigado pelo medo de se mostrar em público. Após tantas batalhas, travadas para transformar a Itália num mundo forjado à imagem e semelhança de suas ambições mundanas, o Bórgia teria sido vencido pelo próprio corpo, pela luxúria que habitava seus membros. Consequência da libertinagem, a sífilis teria retalhado o rosto do ex-cardeal para mostrar aos homens a verdade: de nada vale ganhar o mundo e perder a alma. As glórias desta vida temporal são efêmeras.

Uma imagem tão impactante quanto, provavelmente, fictícia. Mas, ainda assim, útil aos historiadores contemporâneos. A ênfase de Herman na suposta máscara imposta a

César pela sífilis, por exemplo, ecoa uma premissa vital ao pensamento da época de Pio IX: há algo dissimulado no líder forasteiro. Antes era a beleza e os traços jovens que escondiam o gênio maléfico do Bórgia. Quando essa máscara natural foi devorada pela doença, ele recorreu a outra, feita de pano, para continuar a esconder quem ele realmente era. A desfiguração funciona como uma revelação. Era o sinal de que o verdadeiro rosto político do estrangeiro está sempre oculto, falseado, camuflado. Por isso, os cidadãos pagam caro quando entregam o país a um líder proveniente do exterior. Eles jamais se reconhecerão nele, no homem cujas reais intenções estão sempre dissimuladas por um tipo de máscara. É um desatino ser governado por um estrangeiro. Já que não partilha dos sentimentos e das tradições nativas, já que não reflete a identidade dos súditos, ele não hesitará em ocultar, manipular, adulterar, corromper, usurpar. Quando o verdadeiro semblante do líder for revelado ao mundo, pelo acaso ou por uma doença, já será tarde demais.

Enquanto percorria os arquivos italianos formando sua opinião sobre a época dos Bórgia, Gregorovius exaltava os triunfos militares e políticos da comunhão cultural dos alemães. Em seu diário, pouco antes da Batalha de Sedan, ele anotou: "nossos exércitos estão avançando sobre o país inimigo. Toda Alemanha ergue-se como um único homem contra a França; ela nunca foi tão forte, pois nunca foi tão unida quanto agora. A Itália permanece neutra" (GREGOROVIUS, 1892, p. 372). Diferentemente da Alemanha, que mesmo fragmentada fora conduzida por líderes alemães, a Itália parecia ter herdado um fardo histórico por ter suportado governos como o Bórgia. Por isso, a incorporação de Roma ao Estado Italiano não retirou a cidade de sua trajetória de decadência: o peso do passado não podia ser apagado tão facilmente. Afinal, bastava olhar para o homem que se entrincheirou no Vaticano a partir de 1860 para perceber que o legado de Alexandre estava vivo – assegurava o erudito alemão.

As ações de Pio IX em julho e agosto de 1870, às vésperas da invasão de Roma, levaram Gregorovius a atrelar a história do papado a episódios de tirania. É suficiente ler suas palavras: "a absurda posição na qual a Igreja foi lançada é somente o desfecho de um desenvolvimento histórico, que começou com o período da ditadura de Hildebrando" (GREGOROVIUS, 1907, p. 354). O historiador parecia não ter dúvidas de que o dogma da infalibilidade papal era criação de um déspota como o Bórgia. Em seu diário, apesar da evocação de Gregório VII – a "ditadura de Hildebrando" –, o Papa Pio assemelha-se a uma caricatura de Alexandre VI. Pio é descrito rodeado por jesuítas, cujas "intrigas, dizem, são intermináveis; eles operam através do suborno, bajulação, terrorismo e dos benefícios e prospectos do chapéu vermelho [de cardeal]" (GREGOROVIUS, 1907, p. 352). Difícil recusar a analogia: Pio e os jesuítas, Alexandre e sua família. Um grupo é como o reflexo do outro no espelho do tempo. Pois, nos dois casos, o papado é visto como dominado pela corrupção.

Gregorovius não foi o único a ver a sombra Bórgia em Pio IX. Quando aprovou o novo dogma, o Concílio Vaticano I reascendeu o debate sobre os limites da autoridade papal. E, ao fazê-lo, atraiu atenções para o último papa do século XV. Um amplo debate rapidamente se formou em torno daquele personagem, lembrado como o caso decisivo para qualquer discussão a respeito da integridade moral da liderança que se pretendia infalível. O debate ganhou toda a Europa (CHADWICK, 1978, p. 110-136). Alexandre foi projetado na cultura ocidental como um divisor histórico entre a autoridade legítima e a opressão tirânica.

Especialmente por ter raízes espanholas. Quando o historiador alemão escreveu sobre o passado italiano, diversos círculos intelectuais eram tomados pela visão de que a Península Ibérica parou no tempo. A cultura ibérica passou a representar o atraso. Nela se abrigaram as forças retrógradas da história, que mantinham Portugal e Espanha presos ao passado e os impedia de ingressar na Modernidade. O catolicismo e o patriarcalismo teriam mantido os povos ibéricos à margem dos avanços renascentistas, iluministas e da secularização. O século XIX tornou ainda mais espessa a *leyenda negra* ("lenda negra") que capturava a reputação da Península Ibérica: intelectuais do centro-norte da Europa fomentaram uma visão extremamente negativa acerca das instituições, comportamentos e, sobretudo, da colonização da América. A primeira versão desta visão parece ter sido o sentimento antiespanhol que se espalhou da Itália à Inglaterra em reação à formação do Império Espanhol, entre fins do século XV e início do XVII. Grande parte das elites continentais alimentava sua aversão escarnecendo da mistura de raças na península. As linhagens italianas, por exemplo, julgando-se descendentes puras dos antigos romanos, referiam-se a Alexandre VI como *marrano* – judeu espanhol (PAYNE, 1973, p. 265).

Nas artes e na literatura do século XIX uma imagem condensou esta reputação: a Inquisição. Caracterizada como um doloroso privilégio ibérico, a repressão inquisitorial foi reiteradamente apresentada como a prova incontestável de uma vocação histórica para a arbitrariedade, para uma satisfação erótica com os desmandos do poder, para agir nos subterrâneos da lei, para colocar as instituições a serviço de interesses meramente pessoais e familiares. A imagem pode ser encontrada, por exemplo, no célebre conto *The Pit and the Pendulum* ["O poço e o pêndulo"] de Edgar Allan Poe (1809-1849), no livro *Les Mystères de l'Inquisition et autres sociétés secrets d'Espagna* ["Os mistérios da Inquisição e outras sociedades secretas da Espanha"], assinado por uma misteriosa Madame de Suberwick (?-?) e, sobretudo, pelo "Grande Inquisidor" que o escritor russo Fiódor Dostoiévski (1821-1881) fez aparecer no monumental *Irmãos Karamázov*, livro concluído em 1881.

É plausível que Gregorovius tenha retratado os Bórgia sob a crescente influência da reputação cabível aos elementos ibéricos na história. As tintas que ele emprega sobre a figura de Alexandre acabam por formar um quadro muito semelhante àquele pintado por outros autores oitocentistas a respeito dos inquisidores espanhóis. Algo mantinha o papa à margem da reta razão que se espera de um homem de poder. Não era a crueldade que o dominava, e sim outro traço de personalidade que muitos intelectuais do século XIX atribuíam aos homens que serviram ao Santo Ofício da Espanha: a sensualidade. Aí está um tema do qual jamais nos cansamos e que parece resumir tudo. "O estilo de vida de Alexandre foi conhecido por sua luxúria, nepotismo e sensualidade" (BARTLETT, 2011, p. 211). Dezenas de romances, biografias, filmes e séries de TV fazem com que, em nossa imaginação, o nome "Bórgia" funcione como um verbo para conjugar poder e sexo.

O ímpeto erótico teria possuído o pontífice em todos os momentos, em todas as decisões, tornando sua existência uma lição de cinismo perante a essência da fé cristã. Assim concluiu Gregorovius: "Alexandre possuía uma fé surpreendentemente simples, acoplada a uma capacidade para qualquer crime. Sua vida é uma completa antítese do ideal cristão" (GREGOROVIUS, 1903, p. 290). A descrição faz lembrar a constatação de Edward Peters a respeito da Inquisição: "os temas gêmeos da crueldade e do erotismo inquisitoriais aparecem periodicamente ao longo do século XIX, amiúde num contexto que introduzia temas de interesse contemporâneo que não repousavam na tradição" (PETERS, 1989, p. 221). Os Bórgia – como os inquisidores – pertenceram ao que havia de mais tradicional de uma Europa medieval, católica, patriarcal. O povo que viveu sob sua égide carregava cicatrizes que o tornaram insensível para as causas da liberdade e da unidade nacional. Isso o historiador alemão lembrou ao padre bajulador enviado por Louis Veuillot: "os homens só podiam ser governados com perfeita liberdade". Ele parecia lamentar a situação histórica dos italianos e tudo o que perderam sob as tiranias dos papas.

Há algum tempo, intelectuais espanhóis buscam acertar as contas com a "lenda negra" que ronda a compreensão de seu passado. Um deles foi o historiador e sociólogo Julian Juderias y Loyot (1877-1918), autor de *La Leyenda Negra y la verdade histórica* ["A lenda Negra e a verdade histórica"]. Conservador e nacionalista, ele afirmou que a reputação maligna se fundamentava em dois elementos: "a omissão e o exagero". Esses dois vícios metodológicos permitiam transformar os espanhóis em indivíduos impedidos de pensar pelo fanatismo religioso, reconhecidos por sua fixação em espetáculos cruéis e que encontravam consolo na admiração das chamas da Inquisição. Graças a exageros, os historiadores compunham descrições impressionantes dos líderes políticos espanhóis, convertendo em lugar-comum sua imagem de homens dominados por impulsos carnais e pela violência (JUDERIAS Y LOYOT, 1914, p. 16).

Embora não o tivesse mencionado, a crítica atingiu o legado de Gregorovius. Pois, os próprios historiadores alemães reconheceram que seu colega de ofício havia escrito a história dos Bórgia com uma liberdade de imaginação que foi muito além dos registros documentais (MÜNZ, 1892, p. 697-704). Não foram poucos os leitores de Gregorovius a se sentirem incomodados por tal aspecto. O escritor italiano Rafael Sabatini (1875-1950) talvez tenha sido o mais célebre deles. Autor do popular livro *The Life of Cesare Borgia* ["A vida de César Bórgia"], Sabatini não poupou o escritor alemão: "os impressionantes talentos de Gregorovius são ocasionalmente desfigurados pelo egoísmo e pedantismo característicos de alguns eruditos de sua pátria. Ele afirma com determinação coisas que só Deus pode saber; ocasionalmente, seu conhecimento transcende o possível, abandona o domínio do historiador para ingressar no do romancista, quando, por exemplo – para citar um caso entre mil –, ele nos conta o que se passava na cabeça de César Bórgia durante a coroação do rei de Nápoles" (SABATINI, 1912, p. 147).

Desde Gregorovius, os Bórgia encarnam com frequência os medos despertados pelo "outro" que retarda a evolução das nações. Desde então a história desta família tem carregado a essência do sentimento nacionalista: o temor por uma perda da unidade. Os Bórgia personificam o mito político de que toda consciência pública esbarra sempre em um inimigo externo. Recontamos sua história, sempre carregada com os mais fortes tons de imoralidade, para impressionar nossas consciências e torná-las ainda mais sensíveis à crença de que a prosperidade coletiva exige uma entrega de todos a um todo maior que a família. Buscamos, deste modo, gravar em nossas mentes a convicção de que é preciso enxergar além do laço de sangue. Só assim seremos capazes de superar as desigualdades e os conflitos coletivos.

Se não nos entregarmos publicamente a esta entidade maior, nosso futuro como sociedade está perdido. Continuamos a ecoar o ponto de vista de Gregorovius: o papado de Alexandre VI é extraordinariamente malévolo porque ele transforma "o amor pelos filhos, um dos mais nobres sentimentos humanos", na razão para se apropriar de bens e prerrogativas que pertencem ao interesse comum. Por isso, "não é sua paixão ou os seus crimes que são incompreensíveis, pois crimes similares ou mesmo maiores tinham sido cometidos por outros príncipes tanto antes quanto depois dele, mas é o fato de que ele os cometeu enquanto era papa" (GREGOROVIUS, 1903, p. 290). O pontífice Bórgia dá dimensão humana a um valor fundamental do pensamento nacionalista atual: os líderes devem se despir de interesses sectários, sobretudo, os da própria família. Caso contrário, as instituições acabam subvertidas por propósitos velados, traiçoeiros.

Antes de alimentar a fabricação de fatos, a "lenda negra" a respeito dos Bórgia instrui nossas consciências nacionais. Ela nos fornece respostas políticas. Entre as quais uma para esta pergunta crucial: Qual o pior governante? Dentre todos, qual caso se torna inadmissível? A apavorante reputação de Alexandre VI ensina que o líder inaceitável é quem age como estrangeiro do bem comum, desviando sorrateiramente patrimônios que são públicos, nacionais. Vejamos, por exemplo, como Brenda Ralph Lewis descreve as ações do papa sinistro em seu popularíssimo livro *História secreta dos papas: vício, assassinato e corrupção no Vaticano*. Segundo ela, o Cardeal Rodrigo aprendeu a usar "o papado como a oportunidade excelente para enriquecer e promover suas famílias. Em suas mãos, os trabalhos desse papado exclusivo, secreto e tirânico assemelham-se aos da máfia" (LEWIS, 2010, p. 138). A lição é cabal. A lenda sombria sobre os Bórgia não é mera falsificação grosseira do passado, mas um poderoso mito, parte de uma pedagogia política moderna. Através dela ensinamos, dramaticamente, que o maior adversário das nações é quem coloca a família acima do cuidado com o bem comum.

Os Bórgia, vilões do ideal nacionalista de liderança e unidade.

5

O silêncio trágico: a disputa pelo papado do século XX

> *Com sua forte consciência de soberania, Pio XII sentia-se responsável por dar uma resposta certa e segura a todos os problemas religiosos e éticos que surgissem. Criou-se a convicção de que a Igreja tinha solução pronta e inquestionável para todos os problemas modernos, sem exceção.*
> João Batista Libânio, 2000.

Era noite, chuviscava. Apertadas entre casacos, sob um imenso cobertor de guarda-chuvas, milhares de pessoas aguardavam na Praça de São Pedro. Por duas vezes a chaminé da capela sistina jorrou uma fumaça escura. Com os rostos colados nos celulares, sacando fotos com tablets e acenando para as transmissões digitais das emissoras de TV, todos que esperavam sob a chuva sabiam o significado daquele ritual antigo, originário de uma época que não conhecera a penicilina ou os circuitos eletrônicos. A fuligem negra era um sinal emitido pelos cardeais para o mundo. Desde uma época quase imemoriável ocorria assim. Quando os príncipes da Igreja não conseguiam eleger novo sucessor para São Pedro, um maço de palhas úmidas era queimado em uma pequena estufa instalada na capela sistina. A fumaça preta gerada pelas folhas molhadas percorria um tubo metálico que despontava no telhado do Vaticano e cuspia no ar o recado: havia impasse na votação sigilosa. Portanto, naquela noite, os votos dos 115 cardeais foram contabilizados e nenhum nome recebeu a maioria de dois terços. O Sacro Colégio estava dividido. Ainda não havia um novo papa para ocupar o vazio criado pela surpreendente renúncia de Bento XVI (1927-).

A multidão aguardava. Com sotaques de todas as partes e dezenas de bandeiras dos países de origem, ela estampava uma ansiedade global. Mundo afora, milhões mantinham os olhos fixos sobre aquela praça, com suas rotinas capturadas por plantões de notícias em tempo real. No entanto, quando repórteres dos cinco continentes sugeriam que o conclave seguiria para um terceiro dia, a chaminé deixou escapar uma fumaça branca, que ganhou o céu escuro e começou a dançar com as rajadas de vento. Finalmente, os eleitores enviavam ao mundo o sinal de que alcançaram o consenso necessário.

A praça foi tomada pelos gritos de milhares, que se agitaram como uma só pessoa. A comemoração foi intensa. Em meio ao incessante disparo dos *flashes*, era possível ouvir canções e hinos religiosos subindo de pontos da praça. Eram respostas ao repique dos sinos de bronze da basílica, que badalavam saudações ao recém-eleito. Quando o cardeal francês Jean-Louis Pierre Tauran (1943-) fez o solene anúncio "*Habemus papam*", a praça festejou como um estádio. No instante em que colocou os pés na sacada da grandiosa basílica para ser reconhecido pelo mundo, o novo papa foi envolvido por uma aclamação ensurdecedora. "Francisco": assim o Cardeal Jorge Mário Bergoglio (1936-) escolheu ser chamado. Um nome inédito entre os sucessores de São Pedro. Um nome apropriado. Pois tudo no recém-eleito parecia levar a marca da estreia, do frescor de um recomeço. Era o dia 13 de março de 2013, e ali estava o primeiro papa latino-americano da história, o primeiro não europeu em mais de 1.000 anos. Um prelado do "Novo Mundo", que deveria conduzir a Igreja a uma nova época.

A recepção de Francisco foi um espetáculo de sons. Após as primeiras palavras, ele e a multidão rezaram. Ele pediu aos milhares que o acompanhavam que orassem juntos por seu antecessor. Convertido pela renúncia em pontífice emérito, que Bento XVI encontrasse a bênção do Senhor e a consolação da Virgem. Em seguida, solicitou que o povo cristão e o novo bispo de Roma rogassem um pelo outro, para que trilhassem o novo caminho em fraternidade e espírito evangélico. Porém, antes de conceder a tradicional bênção papal da primeira aparição pública, Francisco pediu um "pequeno favor" à sua audiência mundial. Antes de abençoá-los, ele gostaria que todos orassem por ele, seu pastor. O homem que os cardeais foram buscar "nos confins do mundo" para liderar o catolicismo tinha diante de si uma grande responsabilidade. Ele conduziria uma religião abalada por intrigas palacianas, por vazamento de correspondências secretas, escândalos de pedofilia e por uma reputação de conservadorismo que teimava em não desbotar. O pedido arrancou calorosos aplausos. E rezaram em silêncio.

Silêncio. O gesto emblemático do novo líder do catolicismo lembra algo mais que a devoção e a coragem de um homem de fé. Quando se trata do Vaticano, aquele gesto traz à memória o problema da linha de conduta de uma instituição. Afinal, a segunda metade do século XX transformou o ato de silenciar-se em um dos piores crimes atribuídos ao papado em toda história. No cristianismo, esta religião que narra a criação do mundo como a obra de um Deus feito verbo, poucas questões provocam tanto rebuliço quanto a suspeita de que o pontífice se calou diante da maldade e da injustiça. Aos olhos de muitos, essa é a prova imperdoável de um delito político. O próprio Bergoglio foi transformado em alvo dessa desconfiança.

Em 2005, mesmo ano em que despontou como o provável sucessor de João Paulo II (1920-2005), o cardeal argentino se tornou o personagem central do controverso livro *El silencio* [O silêncio]. Nestas páginas, o jornalista Horacio Verbitsky (1942-) atribui à Igreja Católica uma cumplicidade de décadas com a ditadura argentina. As constantes alusões ao pontífice Paulo VI (1897-1978) perdem espaço apenas para a atenção que o autor dedica à atuação de Bergoglio como provincial dos jesuítas na Argentina. Eram tempos sombrios. Em março de 1976, o golpe de estado que empossou o general Jorge Rafael Videla (1925-2013) provocou uma escalada de prisões arbitrárias, sequestros e torturas promovidos por agentes estatais. Em maio daquele mesmo ano, cinco jovens catequistas e dois sacerdotes jesuítas – Orlando Virgilio Yorio (1932-2000) e Francisco Jalics (1927-) – foram levados por homens da Marinha. Por cinco meses os dois padres foram interrogados e torturados na Esma, a Escola Superior de Mecânica Armada, em Buenos Aires. Arrolando documentos e testemunhos, Verbitsky afirma que os jesuítas caíram na malha de violências da ditadura argentina graças à omissão de seu superior (VERBITSKY, 2006). Bergoglio teria retirado a proteção hierárquica devida a seus subordinados e, com isso, oferecido "luz verde" para a ação dos militares.

Assim que o anúncio da eleição do cardeal argentino como papa varreu o mundo, as notícias dessa suposta cumplicidade com a brutalidade da ditadura portenha estouraram por todos os lados. No dia seguinte ao conclave, o jornal *The Guardian* alertou os leitores: o papel do papa na ditadura argentina continuava uma questão aberta (*The Guardian*, 13/03/2013). Um tom semelhante foi empregado na versão online da revista alemã *Der Spiegel*. Tentando esfriar a euforia criada pela apresentação do papa, a revista lembrou que enquanto muitos celebravam o recém-eleito, outros o acusavam de ter "desempenhado um papel dúbio na ditadura militar da Argentina" (*Der Spiegel*, 15/03/2013). O jornal francês *Le Parisien* serviu-se da referência à fotografia em que Bergoglio surge oferecendo a comunhão ao General Videla para ilustrar a "condição controversa do Papa Francisco sob a ditadura argentina" (*Le Parisien*, 15/03/2013). De sua sede no Qatar, o grupo de comunicação *AlJazeera* resumiu a controversa: apesar dos protestos e esclarecimentos do Vaticano, a acusação de que Francisco falhou ao condenar a era de abusos conhecida como guerra suja trazia descrédito para a Igreja (*AlJazeera*, 15/03/2013). Por sua vez, o *Correio Braziliense* estampou uma manchete sem margem para sutilezas: "Papa Francisco é conhecido pela humildade e por participação em ditadura" (*Correio Braziliense*, 14/03/2013). Mais cauteloso, o grupo BBC buscou fazer a vez de uma publicação que tentava esclarecer o tema sem tomar partido: "entenda acusações contra a atuação do papa na ditadura argentina" (*BBC Brasil*, 14/03/2013).

Tal foi o alvoroço atiçado pelas acusações de omissão, que Francisco Jalics, um dos jesuítas presos e levados para a Esma, decidiu deixar o isolamento do mosteiro alemão que habitava e quebrou o silêncio. Jalics declarou diante dos microfones que a denúncia não passava de alegação infundada. "É errado afirmar que nossa captura ocorreu devido à iniciativa de Padre Bergoglio", afirmou (*NY Daily News*, 21/03/2013). A posição assumida por Jalics funcionou como uma espécie de atestado tardio para os argumentos de outro livro, intitulado *El Jesuita: conversaciones con el cardenal Jorge Bergoglio* ["O Jesuíta: conversas com o Cardeal Jorge Bergoglio"]. Na obra, Sergio Rubín e Francesca Ambrogetti oferecem outro ponto de vista. Aqui, o arcebispo de Buenos Aires nada tem de colaborador de um regime tirânico. Ele é retratado como um clérigo que correu vários riscos para proteger e abrigar as vítimas da repressão (RUBÍN & AMBROGETTI, 2010).

A polêmica, porém, está longe do fim. Embora o tema capital do livro de Verbitsky seja o envolvimento de Bergoglio no sequestro dos dois jesuítas, um argumento maior e de implicações mais graves sobressai daquelas páginas: o atual papa seria o cúmplice de uma Igreja nacional omissa, que se escondeu atrás de espessas cortinas de silêncio. Enquanto Bergoglio esteve à frente dos jesuítas argentinos, a Companhia de Jesus nunca formulou uma denúncia pública contra o sequestro dos seus ou simplesmente contra a ditadura. Sob esta lógica, os eventuais protestos de bastidores não teriam bastado. Jamais poderiam ser considerados suficientes. Pois não se tratava de um desconhecimento dos fatos ou de não ter em conta o sofrimento e a brutalidade à volta. Teria sido uma omissão ciente de si, uma escolha que priorizou a preservação institucional à dignidade humana. Pastor espiritual, o superior dos jesuítas argentinos teria selado a aliança com um regime político impiedoso através de uma cumplicidade calada.

O argumento é forte: o silêncio da liderança católica é um gesto de compromisso da Igreja com o estado de governo vigente. Compromisso tanto mais espúrio e condenável se a situação política em questão é a obra de uma ditadura escancarada. Forte, mas repetitivo. Esta reputação formada em torno do Cardeal Bergoglio não é inédita. Seus traços essenciais de denúncia parecem cópia de uma história anterior. A polêmica envolvendo o atual Papa Francisco reescreve, em escala menor e noutro contexto, uma trama política similar àquela criada em torno de uma figura capital para o século XX: Pio XII (1876-1958).

A disputa pela memória

Chefes de Estado desde 1929, os papas dividem opiniões em todo o mundo. Nenhum deles como Pio XII. As maneiras de lembrá-lo atingiram dimensões incomuns. Positiva ou negativa, a grandeza histórica atribuída à sua biografia é de uma magnitude extraordinária. Cada vez mais, nossa época se reconhece em dívida para com suas decisões. Muita tinta já foi derramada sobre páginas e mais páginas para que nos convencêssemos de que vivemos, em farta medida, as consequências de seu governo sobre a Igreja Romana. Precisamente por isso, o significado de seu pontificado é alvo de uma acirrada disputa em torno da seguinte pergunta: Como Pio deve ser lembrado?

A luta pela memória coletiva a ser mantida sobre Pio XII começou pouco depois de seu falecimento. O ano em questão é 1963. Cinco anos após o magnífico sepultamento do

Papa Pacelli, estreou a peça de teatro *Der Stellvertrete: Ein christliches Trauperspiel* ["O Vigário: uma tragédia cristã"]. Encenado em Berlim, Londres, Paris, o texto assinado pelo dramaturgo alemão Rolf Hochhuth (1931-) fisgava a atenção das plateias mostrando um Pio XII afeito ao cinismo, um pastor que teria escolhido dar as costas ao sofrimento de milhões de judeus, abatidos pela matança nos campos de concentração. A peça marcou época. Chegou a ser considerada a mais controversa obra de teatro de toda uma geração (BARASCH-RUBINSTEIN, 2004). Demorou até que seu impacto sofresse grande revés, o que ocorreu em 2007. Naquele ano o General Ion Mihai Pacepa (1928-), ex-comandante dos serviços de inteligência da Romênia, declarou publicamente que Hochhuth havia sido recrutado pela KGB, o serviço de segurança da União Soviética. Sua encenação teatral era uma iniciativa de difamação encomendada contra o Vaticano. O drama que chocou consciências era uma obra de propaganda vermelha, um ataque ideológico de Moscou. O *Vigário* era, em outras palavras, um texto patrocinado pela polícia secreta comunista para atender a um propósito: caluniar um adversário declarado dos soviéticos (PACEPA, 2007).

Nas décadas seguintes, o debate seguiu acalorado. Já em 1965, o próprio Vaticano tomou parte com a publicação dos onze densos volumes das *Actes et documents du Saint Siège relatifs à la seconde guerre mondiale* ["Atas e documentos da Santa Sé relativos à Segunda Guerra Mundial"]. A coleção foi editada por quatro jesuítas, a quem o Papa Paulo VI concedeu acesso a acervos documentais até então secretos: o francês Pierre Blet (1918-2009), o italiano Angelo Martini (1913-1981), o alemão Burkhart Schneider (1917-1976) e o estadunidense Robert Andrew Graham (1912-1997). Empenhados na defesa da reputação de Pio, os padres buscaram publicar "todos os documentos capazes de esclarecer a posição e a ação do Vaticano em face ao conflito" (BLET, MARTINI, SCHNEIDER, GRAHAM, 1965, v. 1, p. v). A divulgação dos valiosos fundos documentais renovou o interesse dos historiadores sobre o tema. Mas, as iniciativas institucionais e acadêmicas não eram páreo para a multiplicação das publicações jornalísticas, que ano a ano sopravam novo fôlego até os pulmões da fama de Pio XII como simpatizante do nazismo (BUTTOM, DALIN, 2004, p. 1-4). Antes que a morte do pontífice completasse 20 anos, padres, intelectuais, escritores e jornalistas travavam uma guerra de interpretações, sem trégua ou clemência.

No entanto, o *boom* literário sobre o tema explodiu no final da década de 1990. Na passagem para o terceiro milênio o ritmo das publicações acelerou ao ponto de desafiar até mesmo o leitor mais experiente e disciplinado. Ao final da primeira década do século XXI, já era virtualmente impossível acompanhar a constante renovação do repertório de livros disponíveis sobre o assunto. Ainda assim, certas obras ganharam destaque, saltando para a condição de referências intocáveis em um debate cada vez mais rodeado por um enxame de lançamentos editoriais. A primeira delas é um conhecido campeão de vendas. Trata-se do livro *Hitler's Pope: the secret history of Pius XII* ["O Papa de Hitler: a história secreta de Pio XII"]. Lançada no Reino Unido em 1999 com inconfundível perfil investigativo, a obra catapultou o nome de John Cornwell (1940-) para o reconhecimento mundial. A fama foi consequência dos elementos novos e chocantes apresentados pelo autor. Cornwell fez mais do que retocar a imagem do papa como um líder omisso, que colocou as finanças da Igreja acima de milhões de vidas judaicas. Segundo ele, Pio XII se aliou às forças mais sinistras do século graças a uma íntima afinidade: o desejo pelo poder o fez professar uma inegável antipatia pelos judeus. Sentimento que o tornou complacente com o nazismo e os projetos antissemitas de Hitler.

Quando foi núncio papal em Munique, Pacelli, futuro Pio, foi testemunha ocular da tentativa de implantar o comunismo na Alemanha entre 1918 e 1919. Segundo Cornwell, a experiência marcou-o por toda a vida. O "desgoverno total" e o "reino de terror" instalados pelos revolucionários – muitos dos quais judeus – teriam traumatizado o homem forte da diplomacia papal. A conclusão do autor britânico é direta: o modo como Pacelli desprezou os judeus envolvidos naquela luta pelo poder refletia a opinião, cada vez mais disseminada entre os alemães, de que os seguidores de Moisés contaminavam a sociedade, provocando uma série de males e distúrbios no convívio nacional.

Por isso a insistência de Pacelli em referir-se "ao fato de essas pessoas serem judias dá a impressão de um desprezo antissemita estereotipado", conclui Cornwell (2000, p. 89). Traumatizado pelo envolvimento judaico com a luta política de 1918-1919, identificado com a cultura alemã e obcecado por fazer carreira no interior da Cúria Romana, Pacelli teria optado por uma conciliação com o nazismo. Apostou alto na grande potência germânica, julgando que o Império ambicionado por Hitler ofereceria a blindagem capaz de proteger as finanças da Igreja. Assim, o Terceiro Reich seria o aliado mais efetivo contra o avanço do comunismo e do medonho ateísmo materialista. Movido por estas convicções, o Cardeal Pacelli levou a Santa Sé a assinar um tratado com o governo alemão, consentindo com a principal condição imposta: a dissolução do Partido do Centro, cuja maioria católica era um obstáculo eleitoral à ascensão do Partido Nazista. Pacelli teria legitimado a ascensão de Hitler porque só um ditador poderia concretizar suas imensas expectativas (CORNWELL, 2000, p. 147).

Cornwell provocou intenso rebuliço. Um dos maiores indicadores de seu sucesso é o fato da expressão "papa de Hitler" ter ganhado vida própria. Ela se descolou da obra e da interpretação particular que a preenchia para ser tratada como um tipo de rótulo comum, como um retrato antigo e popular do pontífice. Entretanto, o livro foi tão festejado quanto rebatido. É imensa a fila de autores que desautorizaram Cornwell. Em especial, duas obras merecem menção. A primeira é *Hitler, the war, and the pope* ["Hitler, a guerra e o papa"], lançada por Ronald Rychlak em 2000. São centenas de páginas povoadas por um exercício sistemático de investigação histórica. Talvez por isso Rychlak tenha dedicado 30 páginas exclusivamente para demonstrar os erros de Cornwell, alguns deles elementares, factuais (RYCHLAK, 2000). Anos depois, surgiu *The myth of Hitler's Pope: pope Pius XII and his secret war against Nazi Germany* ["O mito do papa de Hitler: Papa Pio XII e sua guerra secreta contra a Alemanha nazista"]. O livro de David Dalin demonstrava algo basilar: o Pio XII de Cornwell é um personagem simples demais para uma época assaz complexa. Se tivesse examinado a postura do papa face ao Holocausto em múltiplos níveis e cenários – e não só o que ele, Cornwell, definiu como importante – o inglês teria reconhecido as diferentes estratégias adotadas por Pio para resistir ao nazismo e apoiar milhares de judeus (DALIN, 2005).

O silêncio de Pio XII, todavia, seguiu arrancando condenações. Em 2001, Michael Phayer refez o caminho para reencontrar a tese: o Vaticano foi omisso perante os horrores do Holocausto. Desta vez, o percurso foi trilhado com moderação e cuidado documental. A experiência de historiador perpassa o livro *The Catholic Church and the Holocaust (1930-1965)* ["A Igreja Católica e o Holocasuto"] e lhe confere nuanças que Cornwell foi incapaz de captar. Ao invés de simplesmente julgar o passado, Phayer busca explicá-lo. O desafio não é sentenciar Pio XII, mas desvendar as razões por trás de seu silêncio público. O papa foi um homem em seu tempo. Ainda que banal, a frase lembra-nos de algo crucial: ele não escapou às necessidades e limitações de seu contexto, tampouco deixou de ser pressionado pela força das circunstâncias ao realizar escolhas. Como líder político, ele não poderia agir de modo inteiramente livre ou pessoal. Este processo é o que devemos compreender.

Para isso, esclarece o professor, "devemos olhar para duas preocupações de capital importância para o papa: seu desejo de desempenhar o papel de um diplomata pacificador e seu medo de que Roma e o Vaticano, totalmente indefesos, fossem destruídos por ataques aéreos antes do fim da guerra" (PHAYER, 2001, p. 56-57). Quanto à primeira inquietação, Pio teria se dado conta de que a Alemanha precisava ser mantida intacta a todo custo, pois era o país-chave para conter o avanço dos soviéticos. A guerra passaria, mas o comunismo era uma ameaça duradoura, permanente. Romper com o estado alemão significaria desertar do principal *front* de luta contra o ateísmo comunista.

A segunda preocupação decorria de uma realidade desesperadora: Pio era o único chefe de Estado que restava em

Roma, uma capital bombardeada por aliados e ocupada por tropas nazistas. Era sua a voz que respondia pela integridade da cidade e o bem-estar dos cidadãos. Uma condenação explícita do Reich atiçaria a fúria nazista contra uma população acuada e vulnerável. A conclusão vem ligeira: "as inconsistências da política papal relativa ao Holocausto podem ser melhor compreendidas à luz das assunções e prioridades de Pio". O Vigário de Cristo estava preso aos deveres de um governante, para os quais dispunha dos recursos de um estado miúdo, ilhado, desprovido de exército e completamente dependente da diplomacia. O texto é quase imparcial. Quase! Phayer não escapa ao tom de denúncia. Para ele, as preocupações papais ocupavam lugar superior à morte dos judeus em escala industrial. As prioridades do líder romano o levaram a uma passividade compreensível, mas injustificável. As razões políticas desta tolerância ao antissemitismo não a tornavam menos reprovável. Em seguida, o arremate: "as prioridades de Pio colocaram os judeus em perigo mortal". Ele falhou como líder e pastor (PHAYER, 2001, p. 65, 223).

"A moderação é uma tapeação." Esta é a lição deixada pelo cientista político Daniel Goldhagen. Dono de uma franqueza inegociável, engajado em cada frase, Daniel converteu o livro *A Moral Reckoning: the role of the Church in the Holocaust and its unfulfilled duty of repair* ["Um acerto moral: a posição da Igreja quanto ao Holocausto e seu dever não cumprido de reparação"] em uma arena de argumentos. Ele fez da leitura uma experiência de confronto. Não há onde se refugiar, não há lugar para a neutralidade. É simplesmente impossível ler esse livro e não escolher um lado pelo qual pelejar.

Goldhagen faz questão de evitar a habitual polidez acadêmica. Ele escreve como se o esforço de muitos pensadores para somente explicar o passado lhe causasse uma espécie de mal-estar intelectual. Limitar-se a compreender é uma omissão! Pior: é a degradação de nossa cultura – diz ele. Pois esta "postura erudita" não passa de um subterfúgio, através do qual os intelectuais fogem à obrigação de envolver-se em questões morais. O argumento é afiado como uma lâmina de bisturi: "é nosso direito julgar. É nosso dever julgar. Se algum evento clama por um apurado acerto moral a respeito dos envolvidos, é o Holocausto. Se há uma instituição e um conjunto de pessoas que estão aptos a ser matéria de tal investigação, é a Igreja Católica e seu clero". Afinal, continua o autor, não é a própria Igreja que se define como instituição moral? Não é ela que se afirma perante o mundo como uma poderosa voz moral a ser atentamente ouvida e seguida por todos? Então, julguemos sua conduta moral perante o Holocausto! (GOLDHAGEN, 2007, p. 15).

O julgamento é implacável. Primeiro, uma constatação básica. A Igreja Católica foi a primeira instituição política internacional a assinar e anunciar um importante acordo com Hitler, e o fez para sustentar seu poder temporal. Apresentando a si mesma como instituição moral, ela, portanto, conferiu legitimidade moral ao regime nazista. O Vaticano auxiliou a perseguição movida pelos alemães contra os judeus ao permitir o acesso aos seus registros genealógicos. Bispos alemães denunciaram judeus e então permaneceram mudos enquanto seus compatriotas cometiam genocídio. Na Eslováquia, o alto clero era aliado genocida dos alemães. Na Croácia, um número expressivo de clérigos cometeu assassinatos em massa (GOLDHAGEN, 2007, p. 92). Portanto – o autor persiste –, a Igreja não apenas silenciou sobre a matança dos judeus, como permitiu que católicos, notadamente católicos alemães, perseguissem e cometessem injustiças inomináveis. Com seu silêncio, os homens do clero calaram sobre crimes: eles escolheram a omissão e, assim, encorajaram católicos para a realização de perversidades. Pio XII consentiu que milhões de judeus fossem vitimados e deixou os católicos moralmente abandonados. O veredicto é escrito com termos duríssimos, evitados até por Cornwell: "a Igreja traiu seu rebanho católico com dezenas de milhões" (GOLDHAGEN, 2007, p. 180).

Um julgamento tão forte quanto precipitado. Provavelmente rebateria um leitor de Pierre Blet. Muito antes do aparecimento de *A Moral Reckoning*, este jesuíta francês havia publicado um livro cuja leitura era capaz de funcionar como uma vacina contra o impacto causado por Goldhagen. Estamos falando de *Pie XII et la Seconde Guerre Mondiale* ["Pio XII e a Segunda Guerra Mundial"]. Concluído em 1997 e fruto de um acesso privilegiado aos Arquivos Secretos do Vaticano, o livro buscou colocar uma pedra sobre a questão. Sua estratégia para isso foi simples: corrigir o foco do problema. Vejamos.

Segundo Blet, o debate sobre a Santa Sé e o Holocausto não pode ser descolado da questão maior que determinou as escolhas e condutas de todos os envolvidos: a busca pela paz. Desde o momento em que foi coroado, Pacelli sabia que as injustiças e atrocidades só teriam fim com a paz completa e irrestrita. Qualquer outra solução não passaria de medida pontual, seria um paliativo que resolveria dramas individuais e consolaria certas famílias, mas não extinguiria as fontes de ódio que alimentavam a violência coletiva. Para ser real, tal paz deveria reconciliar todos, as potências agressoras e os estados invadidos. Fascistas, nazistas, soviéticos, republicanos, democratas: ninguém poderia ser deixado de lado. Pois a exclusão semeava o ressentimento e o revanchismo. Pensar assim significava dar-se conta de outra exigência: ideologias tão diferentes só se sentariam à mesa de um negociador visto por todos como imparcial (BLET, 2004, p. 103-198).

Eis a opção de Pio XII. Não se tratou de "neutralidade, que poderia ser interpretada como indiferença passiva, pouco adequada para o chefe da Igreja, mas de imparcialidade, que julgava as coisas segundo a verdade e a justiça" (BLET, 2004, p. 397). As centenas de cartas trocadas com bispos e autoridades seculares demonstram que o papa considerava a diplomacia vaticana um meio real de pacificação do continente. Rechaçar o Reich em uma declaração pública significaria, por exemplo, oferecer "uma arma à propaganda nazista, que se empenhava para apresentar o papa como inimigo da Alemanha. Uma arma capaz de cindir a confiança na Igreja". Tal atitude seria energia para uma nova apologia à violência e colocaria em risco parcelas ainda maiores das populações submetidas aos nazistas. "Pio" – elucida Blet – "contemplava a guerra em toda sua amplitude e sob todos seus aspectos". Ele desejou uma paz que remediasse todas as desgraças, sem ignorar ou amenizar qualquer experiência de sofrimento. O pontífice encarou os desafios da guerra sob uma perspectiva global (BLET, 2004, p. 404). Aí está uma lição deixada por Blet e muitos outros autores (MARCHIONE, 2000; SÁNCHEZ, 2002; BLESSMAN, 2013): visão global é exatamente o que falta a críticos inflamados como Goldhagen.

Transcorrendo por décadas, a controvérsia em torno da atuação de Pio XII já não é mais um tema: é um complexo acervo de questões e implicações. Lidar com esse assunto é como combater a Hidra de Lerna. Na mitologia grega, quando uma das nove cabeças deste dragão era cortada, duas nasciam no lugar decepado. Algo semelhante parece ocorrer com o estudo do Vaticano e o Holocausto. Apesar da torrente de livros e estudos, toda vez que nos debruçamos sobre um aspecto do tema, outros dois ou três surgem, exigindo atenção e mais pesquisa. Por isso é vã qualquer iniciativa de detalhar e abranger a matéria em poucas páginas. Porém, o combate deve ser travado. Precisamos nos deter um pouco e encarar esse monstruoso acervo de questões. Elas guardam material essencial para compreender melhor as denúncias disparadas contra Jorge Bergoglio. Uma das chaves que abrem e explicam as acusações contra Papa Francisco está aí.

Os meios justificam os fins

O silêncio atribuído a Pio XII não foi uma ausência de palavras. O pontífice não se emudeceu. Michael Phayer teve razão ao afirmar que o "x" da questão não é uma suposta inatividade papal. Como se Pio tivesse se acomodado à paralisia política e dado de ombros para as atrocidades que, sabidamente, ocorriam à sua volta. Ele protestou contra o nazismo e a violência racial propagada por Hitler. Em primeiro lugar, é preciso lembrar que Pacelli foi um dos redatores – se não o principal redator – da Encíclica *Mit Brennender Sorge* ["Com profunda preocupação"], publicada pela Santa Sé em 1937. Este extenso texto em alemão foi redigido para, simultaneamente, consolar e advertir. Das diversas passagens compostas em tom de advertência, duas dirigiam uma forte mensagem ao nazismo.

A primeira é uma declaração de solidariedade religiosa. O Vaticano exortava os alemães a cuidarem, acima de tudo, da fé em Deus, a primeira e irrepreensível fundação de toda religião. E esclarecia: crente em Deus não é aquele que apenas profere seu nome, mas quem vive o nome sagrado como conceito verdadeiro e pleno da divindade. Quem rebaixa Deus às dimensões do mundo, ou eleva o mundo a dimensões divinas, não é crente. Não se pode deixar escapar a importância desta argumentação. Ela definiu a identidade religiosa à qual os católicos pertenciam.

O verdadeiro crente convertia a própria vida em um testemunho do nome divino. Eis uma fórmula emblemática. Neste trecho, não há menção a Jesus. Isso é marcante. Pois ele lembrava aos fiéis da Igreja que eles deveriam reconhecer sua fé não somente no Novo Testamento ou na autoridade clerical, mas, primeiramente, na crença judaica em um Deus transcendente e que se revela aos homens pela palavra. A encíclica recorria a definições do Levítico: a participação no "nome" de Deus, objeto do segundo mandamento, determina o sentimento de responsabilidade final do verdadeiro católico. A identidade religiosa da qual o Vaticano era o porta-voz era judaica: santificar o "nome divino" e vivê-lo sem falsidade era uma lei apostólica e romana (*Mit Brennender Sorge*, 14/03/1937). Não se pode subestimar a força desta orientação. No ano seguinte, ela ecoaria da boca de Pio XI como protesto formal contra as leis raciais do nazismo: "o antissemitismo é inadmissível para um cristão: espiritualmente, somos todos semitas" (ORTÍ, 2003, p. 403).

O trecho redigido a seguir fincava a oposição ao nacional-socialismo. A encíclica afirmava que estava distante da verdadeira fé quem exaltava a raça, o povo, o estado, uma forma particular do mesmo ou os representantes do poder estatal como norma suprema, ao ponto de eclipsar os valores e mandamentos da religião. Em poucas linhas, noções centrais do nazismo foram repreendidas: raça, sangue, território e liderança.

É plausível considerar que a escalada de ordens de prisão emitidas contra padres e freiras na Alemanha, já no ano seguinte, tenha sido, em parte, uma retaliação do Reich à circulação da encíclica no país. A *Mit Brennender Sorge* havia sido secretamente impressa em territórios germânicos. A cúpula do regime nazista considerara "cada frase da encíclica um insulto à Nova Alemanha" (BLESSMANN, 2003, p. 79). Não seria um exagero afirmar que o descontentamento com o texto apostólico ainda ecoava em maio de 1943, quando a rádio de Paris controlada pelos nazistas culpou a Igreja Católica pela eclosão da guerra. Na mesma época, o jornal parisiense *Aujourd'hui*, publicado pelos alemães, chegava às bancas culpando Pio XII pela atitude hostil que o clero francês havia demonstrado contra as forças de ocupação germânicas.

Nos idos de outubro de 1939, já como Pio XII, Pacelli publicou uma nova encíclica, condenando a invasão da Polônia. Com a *Summi Pontificatus*, ele lamentou aquela colheita do mal, que crescera das sementes da violência e da hostilidade. A questão racial voltou à tona. O pontífice clamou pela unidade humana, citando São Paulo: "nem grego, nem judeu, nem circuncidado nem não circuncidado, nem bárbaro, nem cita: mas Cristo está em tudo" (*Summi Pontificatus*, 20/10/1939).

Aqui é preciso não esquecer. No início daquele ano, a ascensão de Pio abortou o plano que seu predecessor deixara em curso: publicar uma encíclica dedicada à condenação sistemática do racismo e do antissemitismo. Escrita por jesuítas, a *Humani Generis Unitas* e as dezenas de páginas nela empenhadas contra segregação pela raça e pelo sangue nunca vieram a público (PASSELECQ & SUCHECKY, 1995, p. 219-310). Mas isso não significou que o papa se omitira. Em seus discursos de Natal, Pio lamentou as atrocidades da guerra e vinculou a tragédia daqueles dias à opressão das minorias étnicas pelo Estado (PIO XII. *Nell'alba e nella luce*, 24/12/1941). Em meio a lamentos pela calamidade, ele cobrou às nações a dívida das "centenas de milhares de pessoas que sem culpa nenhuma da sua parte, às vezes só por motivos de nacionalidade ou raça, se veem destinadas à morte ou a um extermínio progressivo" (PIO XII. *Con sempre nuova freschezza*, 24/12/1942).

Como dissemos antes, não se trata de um emudecimento. O que tem sido chamado de "silêncio" era, na realidade, uma inconsistência, uma constante flutuação das atitudes de oposição do Vaticano. Em outras palavras, a oposição de Pio ao Nazismo e ao Holocausto tem um ar difuso, muitas vezes genérico, pouco certeiro, como se, em certas ocasiões, ele calculasse um vocabulário suficientemente ambíguo para reprovar sem condenar. Isto salta aos olhos, sobretudo, quando lembramos a maneira como esse mesmo pontífice rejeitou o comunismo. A diferença intriga. Nos discursos, nas encíclicas ou nas cartas apostólicas, o antissemitismo não foi alvo do mesmo ímpeto que fulminou o "ateísmo bolchevista". Basta um exemplo. Em 1949, a Cúria decretou a excomunhão automática de todos os católicos que aderissem ou favorecessem o Partido Comunista. Proibiu, igualmente, a defesa pública das ideias inspiradas por Moscou. Um verdadeiro fiel não apoiaria os vermelhos, quer com o voto, quer com publicações. Por fim, o governo de Pio negou os sacramentos àqueles que descumprissem o decreto (*Decretrum contra Communismum*, Acta Apostolica Sedis, 1949,

p. 334). Nas mensagens natalinas de solidariedade às minorias dizimadas pelos horrores da guerra não havia as palavras "judeus" ou "nazismo". Já em relação à União Soviética e o comunismo não havia margem para ambiguidades: tratava-se de uma hostilidade declarada (KENT, 2002).

Medida semelhante jamais foi tomada contra os cristãos implicados com o Partido Nazista. O Reich não recebeu tratamento tão duro. Por quê? A resposta frequente consiste em ver nesta inconsistência uma deficiência. Pio teria agido aquém de sua real capacidade de posicionar-se perante a Alemanha. Numa frase, o papado escolheu recuar. Para muitos, por interesse material; para outros, covardia moral. Tal raciocínio esquece que a resposta deve antes dar conta de outra pergunta crucial: acaso este "silêncio" desempenhou alguma função ainda não suficientemente esclarecida? Para encarar a questão, devemos fazer meia-volta e retornar a um momento anterior.

No dia 20 de julho de 1933, em uma sala papal em Roma, Franz von Papen (1879-1969), o aristocrático vice-chanceler de Hitler, assegurou que a Alemanha se comprometia com trinta e quatro cláusulas de cooperação com o papado. À cabeceira de uma bela mesa rodeada por diplomatas e padres, o Secretário de Estado, o então Cardeal Eugênio Pacelli, esquadrinhou o texto com uma paciência de monge. Certificou-se de que todos os ajustes solicitados por ele foram realizados e aprovou o documento, assinando seu nome no fim de uma página. O tratado de cooperação ficou conhecido como "Concordata do Reich". Seu texto oferecia garantias de integridade e certa autonomia à hierarquia, aos estabelecimentos educacionais e ao patrimônio eclesiástico. Porém, dois itens atraem uma atenção invulgar. Embaralhados entre as dezenas de artigos, eles quase passam pela leitura. Mas são de uma importância capital.

O primeiro deles é o artigo 29. Ele assegurava que os católicos de minorias étnicas não germânicas receberiam, por parte do Reich, um tratamento "não menos favorável que o correspondente à posição real e legal de indivíduos de origem e língua germânica". Isto em questões relativas ao uso de sua língua natal nos serviços divinos, na instrução religiosa e em organizações eclesiásticas. Notemos a implicação. O papado obteve do estado nazista a obrigação de não violar a profissão da fé católica por minorias étnicas não germânicas. Se Roma atestasse que uma minoria desse tipo integrava alguma instituição religiosa, seria possível protegê-la com o amparo legal proporcionado por outro artigo, o de número 31, cujo texto dizia: "as organizações e as sociedades católicas que servem exclusivamente a propósitos religiosos, puramente culturais e caritativos e, como tais, estão subordinadas a autoridades eclesiais, serão protegidas em seus estabelecimentos e suas atividades" (RABINBACH; GILMAN, 2013, p. 418).

Durante a guerra, o Vaticano impediu que milhares de judeus fossem transportados para os campos de concentração e o fez através de medidas que correspondiam aos termos da Concordata. Mosteiros, conventos e igrejas receberam ordens para acolher os hebreus. Somente em Roma, 155 instituições católicas se tornaram refúgio. Pelos termos assinados em nome de Hitler, os estabelecimentos eram invioláveis. Isto explica por que os nazistas, tendo a cidade em seu poder a partir de outubro de 1943, deportaram cerca de 1.000 dos 8.000 judeus que habitavam o gueto romano. Aproximadamente 3.000 conseguiram abrigo em Castel Gandolfo, residência de verão do papa. A maioria dos sobreviventes foi salva no interior de "organizações eclesiásticas". Quem não encontrou a proteção institucional teve chance de sobreviver fugindo e se escondendo nas alamedas e nos casebres romanos. Pois, as rondas alemãs de busca e captura aos judeus diminuíram após o papado protestar contra as deportações ocorridas na cidade (KRUPP, 2013, p. 170-172). Antes do fim do conflito, o rabino-mor de Roma, Israeli Zolli (1881-1956), declarou ao jornal *The New York Times* que a salvação de tantas famílias judaicas era obra pessoal de Pio XII (*The New York Times*, 17/06/1944).

Neste ponto, duas observações são importantes para moderar nossos julgamentos. A primeira delas é que o Vaticano não possuía a rede de inteligência das grandes potências então envolvidas na Segunda Guerra. Autores como Cornwell, aparentemente, equivalem a capacidade da Igreja Romana para reunir informações àquela das maiores potências bélicas do Ocidente. Em certa ocasião, Francis D'Arcy Osborne (1884-1964), enviado britânico ao Vaticano, informou a seus superiores em Londres que o papa confiava, principalmente, na BBC para inteirar-se das notícias da guerra. Não podemos presumir que a correspondência trocada pela hierarquia católica – inclusive a que contava com recursos de criptografia – pudesse desempenhar um papel equiparável ao dos serviços de espionagem da Inglaterra ou dos Estados Unidos, que estavam em uma posição melhor para conhecer os propósitos da política germânica. Tal realidade é vital para compreendermos a capacidade romana de antecipar-se ou mesmo de reagir às medidas nazistas contra a população judaica (GALLO, 2006, p. 14-17).

Em segundo lugar, os nazistas não tinham como princípio recuar perante igrejas. A Holanda era uma triste prova disso. Em julho de 1942, quando o cardeal e arcebispo de Utrecht, Johannes de Jong (1885-1955), denunciou a ocupação nazista, as tropas hitleristas retaliariam. Mais de 40.000 católicos com ascendência judaica foram presos (PHAYER, 2001, p. 94). Roma estava na mesma situação. A "solução final" estava em pleno curso. E mais: os alemães sabiam onde caçar os refugiados. O embaixador da Alemanha na Santa Sé, Ernst von Weizsäcker (1882-1951), previu a atitude de Pio e entregou a autoridades militares germânicas um mapa que claramente indicava edificações que usufruíam o *status* extraterritorial de propriedade do Vaticano. No entanto, os estabelecimentos católicos da cidade não partilharam o sombrio destino que se abateu sobre escolas e igrejas holandesas, então conduzidas por um prelado da Cúria, um "príncipe da Igreja" diretamente vinculado a Pio. Qual a diferença entre eles? Em Roma havia um chefe de Estado com o qual o Reich assinara uma concordata; nos Países Baixos, não. Eles eram governados por um comissário designado pelo governo alemão, um *Reichkomissar*. Os nazistas estavam obrigados perante a neutralidade que o Vaticano reivindicava para suas igrejas, conventos e mosteiros.

Antes da ocupação nazista, o Vaticano havia tomado medidas protetivas. Em março de 1940, a Itália endureceu a aplicação das leis antissemitas. O chefe de governo, *il Duce* Benito Mussolini (1883-1945), não toleraria mais exceções aos princípios de excluir todos os judeus dos serviços públicos e militares, do Partido Fascista, e de restringir seus direitos de propriedade. Naquele mês, uma onda de demissões arrancou judeus das universidades e de profissões como policial, escrivão, médico. Em resposta, Pio XII designou professores e médicos judeus para a biblioteca, os arquivos, as universidades e os hospitais ligados ao Vaticano. Afinal, o Reich tinha se comprometido a respeitar a integridade dos quadros das instituições que se dedicavam "exclusivamente a propósitos religiosos, puramente culturais e caritativos" da Santa Sé. Esforços de resgate como estes eram conhecidos em muitas partes do globo: comunidades judaicas no Chile, Uruguai, Estados Unidos e na Palestina enviavam cartas de agradecimento ao papa (KRUPP, 2013, p. 173).

Podemos recuar ainda mais. Na noite de 9 de novembro de 1938, milicianos da SA – a "divisão de assalto" (*Strumabteilung*) do Partido Nazista – destruíram sinagogas, lojas e habitações judaicas. Conhecidos como "camisas pardas", os integrantes da força auxiliar do Partido Nazista vandalizaram cidades na Alemanha e na Áustria de modo orquestrado. No dia seguinte, a cena das ruas cobertas por estilhaços seria imortalizada através do nome "Noite dos cristais". Cerca de três semanas depois, Pacelli enviou uma mensagem secreta aos arcebispos de diversas regiões da Europa, América e Ásia. Codificado pelo Vaticano, o comunicado instruía os líderes da hierarquia eclesiástica a emitir vistos para "católicos não arianos". Os salvo-condutos deveriam ser obtidos conforme previa o acordo assinado por ele com os nazistas em 1933, que assegurava à Igreja de Roma tal autoridade sobre judeus convertidos ao cristianismo. O número de vistos fornecidos pelo Vaticano permaneceu em segredo até 2001 e, desde então, é objeto de controvérsia. Mas, é cada vez mais aceito que milhares de judeus deixaram a Alemanha após a cruenta "Noite dos cristais" graças a esta prerrogativa (THOMAS, 2013, p. 33).

Desprovido de território expressivo, exército e rede fiscal desde 1870, o Vaticano era um Estado dependente da diplomacia. Seu reconhecimento como instituição soberana pelo Tratado de Latrão, em 1929, não mudou esta realidade. A diplomacia era um meio da Santa Sé para agir de maneira legítima perante um governo nacional. Este foi o caso com o nazismo. Único soberano a permanecer na Itália ocupada, Pio tinha como campo de ação política aquilo que o Reich estava disposto a admitir. Levar o governo alemão a um ponto de ruptura significaria violar a neutralidade reconhecida pelos nazistas em 1933 e, assim, converter em território inimigo de Hitler todas as instalações que a Santa Sé transformou em abrigo ou rota de fuga de judeus e outras minorias.

Esta é uma explicação possível para a progressiva mudança de tom nos protestos do papado. Em outubro de 1943, os protestos contra a deportação de pouco mais de mil judeus não escaparam da via diplomática: o Secretário de Estado, Cardeal Luigi Maglioni (1877-1944), pressionou o embaixador Weizsäcker; o comando militar em Roma ouviu as queixas de Alois Hudal (1885-1963), reitor da Igreja Germânica na cidade. Em dezembro, quando surgiu a ordem de expulsar os judeus italianos para os campos de concentração, a oposição já não ficou confinada aos bastidores do poder: o jornal oficial do papado, *L'Osservatore Romano*, cobrou abertamente obediência à lei pública e o respeito à liberdade. Em agosto de 1944, o tom subiu a um nível incomum: Pio declarou que a história e sua consciência não o perdoariam se ele não se opusesse à Alemanha em nome dos judeus (PHAYER, 2001, p. 102-103).

Eis a inconsistência, a oscilação de postura. Eis a suposta saída do silêncio, de uma passividade, para a manifestação.

Foi em casos assim que muitos autores se basearam para insistir na imagem de Pio XII como líder omisso. Por que ele não protestou antes? Acaso as vidas judaicas não valiam o risco? Onde está a integridade moral de uma instituição que só se levante pelos indefesos quando não tem nada a perder?

Porém, antes de cair nas redes de perguntas tão sugestionadas, é preciso notar que nem tudo está posto neste argumento. Há um padrão na mudança de postura do Vaticano. O endurecimento da oposição seguiu o mesmo ritmo da retração do poder nazista sobre a Itália. Em outubro de 1943, quando os protestos ocorriam nos bastidores, Roma era alemã. Em dezembro, quando a oposição ganhou as ruas através de páginas de jornal, os exércitos de Hitler haviam se retirado, deixando para trás um governo fascista vulnerável e com os dias contados. Em agosto de 1944, no instante em que o papa declarava-se publicamente, a Itália era dos aliados. O "silêncio" pontifical do primeiro momento não pode ser reduzido a um receio de se manifestar, nem a uma prioridade política colocada acima de vidas alheias. Era o gesto trágico de quem reconhecia a necessidade de um meio político para um fim: esquivar-se do enfrentamento aberto era condição para socorrer vítimas do nazismo. Era preciso jogar o jogo político real para ser capaz de agir de modo efetivo. À medida que o domínio sobre a Península Italiana foi alterado em prejuízo do Terceiro Reich, o Vaticano obteve novos meios de atuação institucional, viabilizando a transformação de sua postura pública sem uma exposição ainda maior dos grupos perseguidos.

Explicar assim o "silêncio" de Pio é oferecer uma resposta limitada, modestíssima. Ela deixa muito por dizer, tantos temas a considerar. Mas, ainda assim, ela serve como um lembrete. Sim, é nosso direito julgar. Entretanto, antes de empunharmos o dedo e erguer o pesado martelo de juiz, é preciso parar um momento e ponderar se as perguntas capitais sobre o passado e seus protagonistas foram esgotadas.

Reforçando o mito das origens

Com Pio XII, acusar o Vaticano de cumplicidade com os piores regimes ditatoriais se tornou um discurso poderoso. Não foi coincidência Horacio Verbitsky ter disparado tal acusação contra o Cardeal Bergoglio em março de 2005. Naquela ocasião, cresceram as chances do então arcebispo portenho ser eleito sucessor de João Paulo II. Sua votação no conclave, realizado poucas semanas depois, foi expressiva. Quanto mais se aproximasse do governo da Santa Sé, mais a figura do cardeal se encaixaria como tema daquele discurso, aprimorado ao longo de décadas. Pois o discurso não atingia apenas a figura de Pacelli: seu alvo era maior. Ele colocava no banco dos réus o modo de liderar a Igreja Católica no século XX.

Rebater as acusações de Verbitsky não é mais difícil do que apresentar evidências de que Pacelli não foi um colaborador do nazismo. Não obstante, esta perspectiva definida pela denúncia do passado não perde fôlego. A julgar pelo texto de autores como Cornwell, ela seria imune a críticas e revisões. Por quê? A resposta a esta indagação não será simples. Ela deve abarcar vários contextos, agentes históricos e relações sociais. Nosso intuito, aqui, é destacar um elemento geralmente pouco visível neste conjunto de fatores. A saber: esse discurso é um contragolpe a um mito da origem do Vaticano no século XX. Vejamos.

É bastante comum a perspectiva que leva a ver Pio XII como pioneiro de um novo modo de fazer política na cúpula da Igreja Católica. Sua liderança teria rompido as amarras de uma antiga concepção religiosa e levado a Santa Sé a dialogar com os novos tempos. De fato, esta conclusão pode ser apoiada em diversos argumentos. O primeiro deles leva-nos ao berço do polêmico padre. Eugenio Maria Giuseppe Giovanni Pacelli foi o primeiro papa romano em mais de 200 anos. Nascido em 1876, ele cresceu e realizou sua formação eclesiástica com o Reino da Itália e a Igreja Católica em divórcio. Após a incorporação dos territórios papais pelo Estado nacional, Sua Santidade se declarou prisioneiro no Vaticano e conclamou ser um dever de todo o católico não participar do governo que o encarcerara. A áspera "Questão Romana" foi encerrada em junho de 1929, com a assinatura do Tratado de Latrão. Com o acordo, o governo comprometeu-se a indenizar a Santa Sé e reconheceu-a como detentora soberana de um território autônomo e minúsculo. O principal negociador do tratado foi o irmão mais velho de Eugenio, Francesco Pacelli (1872-1935).

A reconciliação, que sepultou um antagonismo presente em todo o Oitocentos, se tornou legado permanente, sobretudo, no pontificado de Eugenio. Um de seus primeiros atos após ser eleito pelos cardeais, em 1939, foi dirigir-se ao Palácio Quirinal e retribuir ao Rei Vítor Emanuel III (1869-1947) a visita de chefe de Estado realizada durante a ocasião da coroação papal. A decisão foi noticiada com antecedência por jornais e rádio. Quando os italianos, empoleirados nos meios-fios, acotovelando-se nas janelas de casa, assistiram à passagem da imponente comitiva de automóveis papais, a certeza reluziu de uma vez por todas: a reconciliação com o Estado italiano estava selada. Agindo daquela forma, Pacelli foi encarado por muitos como a encarnação de uma nova época. Finalmente, a Sé de Roma havia encontrado seu lugar entre os Estados nacionais e o mundo contemporâneo.

Pacelli foi o primeiro pontífice das multidões na história. Um feito preparado desde o cardinalato. Nos anos de 1930, época em que os aviões não haviam desbancado os navios na travessia dos oceanos, o Secretário de Estado do Vaticano foi o rosto itinerante do papado. Em 1936, após chacoalhar sete dias sobre o mar, Pacelli pisou em Nova York. A visita teve a forma de uma turnê. Procissões de limusines o conduziam e buscavam nos aeroportos de diversas cidades norte-americanas. Os *flashes* das máquinas fotográficas seguiam de perto sua energia para discursos diários, palestras em universidades, almoços e jantares públicos, apresentações transmitidas ao vivo pela rede de rádios *CBS*. Ainda assim, houve espaço nesta apertada agenda para abençoar o Grand Canyon, a ponte da baía de São Francisco, as cataratas do Niágara e os estúdios de cinema em Hollywood (THOMAS, 2013, p. 63).

Os Estados Unidos foram apenas um dos muitos itinerários de Pacelli. Entre 1934 e 1938, o representante especial do papado pôde ser visto e ouvido em Buenos Aires, Santos, Lourdes, Fátima, Paris, Lisieux, Budapeste. Conduzindo celebrações em honra à Virgem ou o Congresso Eucarístico Internacional, o cardeal surgia em diferentes pontos do globo à frente de liturgias colossais, espetaculares. Emoldurada por palanques ao ar livre, orbitando cuidadosamente os microfones colocados à sua frente, a figura do romano alto e elegante aproximava o Vaticano das massas de fiéis reunidos em praças e descampados. Multidões escutavam a autoridade da Igreja através de uma voz fina, pausada como uma leve melodia que se repetia em inglês, francês e alemão.

Engana-se quem acredita ter sido João Paulo II o primeiro a fazer a autoridade romana peregrinar em escala mundial.

Quando nos damos conta da magnitude das celebrações do Jubileu ou Ano Santo de 1950, as viagens da época do cardinalato assemelham-se a meros ensaios. Em maio do ano anterior, o chamado foi dirigido a todos os fiéis. Por carta, o papa os convidou a participar da defesa da Igreja contra seus inimigos e da promoção da justiça social e assistência pelos pobres (PIO XII. *Iubilaeum Maximum*, 26/05/1949). Meses depois, a evocação do espírito de santificação, penitência e oração se traduziu numa gigantesca peregrinação a Roma. Centenas de milhares lançaram-se à estrada por trem, ônibus ou simplesmente a pé e inundaram a Praça de São Pedro como um oceano humano. A celebração em massa sem precedentes abriu novo capítulo na relação entre o Vaticano e as aspirações laicas. O Ano Santo foi, em parte, preparação para o Congresso Mundial do Apostolado dos Leigos, que ocorreu pela primeira vez em outubro do ano seguinte. A integração eclesial dos leigos, um dos principais desafios católicos ao longo da segunda metade do século XX, aparece como um grande tema, cujos limites o papa tentou demarcar nos últimos anos de vida, através de discursos e mensagens pelo rádio.

Comunicador nato, Pio XII não se sentia intimidado pela modernização tecnológica do contato humano. Enquanto muitos de seus contemporâneos relutavam em abrir mão das cartas compostas a caneta-tinteiro, o papa posava para fotos datilografando sua máquina de escrever ou utilizando o telefone com a naturalidade de quem considerava aquele aparelho algo que sempre fez parte do mundo. Pio abençoou a difusão da televisão e rezou para que Santa Clara apadrinhasse aquela tecnologia que invadia os lares cristãos. A afinidade com os meios de comunicação em massa converteu-se em uma característica da Igreja Romana. Em 1947, o pontífice aprovou a utilização sistemática do rádio no catecismo popular. Após a decisão, ele passou a ser chamado de "o Microfone de Deus".

Não exageremos. Pio desejava uma imprensa inteiramente submetida às diretrizes formuladas pelo clero. Neste sentido, ele era um tradicionalista, um homem empenhado em conservar uma superioridade eclesiástica. Mas o avanço no reconhecimento da importância da opinião pública e dos modernos meios de comunicação era notável. Em fevereiro de 1950, o papa afirmou: "a opinião pública é o patrimônio de toda sociedade normal. Ela é, em toda parte e definitivamente, o eco natural, a ressonância comum dos sucessos e da situação atual dos juízos dos homens" (PIO XII. *Discurso ai giornalisti cattolici*, 17/02/1950). Não é exagerado dizer que Eugenio Pacelli definiu uma fórmula à qual se agarraram seus sucessores: a imprensa é um dos principais meios para travar o combate católico contra o comunismo. No alvorecer da Guerra Fria, o Vaticano investiu na força dos meios de comunicação em massa.

Eis um domínio que carregou a marca do pensamento de Pio de maneira duradoura. Nas décadas seguintes à sua morte, nos momentos em que se viu desafiada a posicionar o catolicismo perante o comunismo, a Santa Sé repetiu outra estratégia utilizada por Pacelli: combater o materialismo racional exigia que a identidade do clero fosse mantida intelectual e socialmente distante da "luta de classes". Por isso, quando alguns sacerdotes franceses se dispuseram a viver e trabalhar como operários, o Vaticano tratou de desautorizá-los. Após a

Segunda Guerra, algumas dezenas de padres buscaram na experiência proletária o meio para renovar os ensinamentos católicos. Tentavam transformar a religião num testemunho de fé capaz de responder à realidade das multidões diariamente castigadas pela exploração nas áreas industriais. O sucesso pastoral foi imediato. Entretanto, em 1954, veio de Roma a ordem de proibição contra aquelas atividades. A proximidade do clero com os sindicatos e o Partido Comunista Francês era inaceitável. Dois teólogos dominicanos, defensores dos padres operários, foram disciplinados pelo papado: Marie-Dominique Chenu (1895-1990) e Yves Congar (1904-1995). Difícil não indagar qual o impacto da proibição sobre o jovem Karol Wojtyla. Em 1946, o futuro João Paulo II viajou à França e à Bélgica para encontrar-se com padres operários. Antes entusiasta de um catolicismo operário, Wojtyla se tornou o papa que sentenciou a Teologia da Libertação na América Latina.

Os papas da segunda metade do século XX devem muito ao homem acusado de ter se curvado aos interesses de Hitler. Isto não significa que Pio tenha sido o pai fundador de um modo inteiramente novo de governar a Igreja. Afirmá-lo seria exagerar sua condição histórica. Nenhum homem é o marco-zero de uma época: a ascensão de um novo período é resultado de relações complexas, coletivas, sociais. Em vários aspectos, Pacelli perpetuava o século XIX. Quando se declarou pela separação entre a religião e a ciência, ele o fez para desmascarar o que julgou serem formas racionalistas de desprezo pelo magistério da Igreja e pela ancestral teologia enraizada na longínqua Idade Média (PIO XII. *Humani Generis*, 12/08/1950). Entre todos os pontífices do século XX, ele foi o único a exercer a prerrogativa da infalibilidade papal proclamada em 1870. E o fez para proclamar dogma a afirmação de que a mãe de Jesus jamais foi sepultada: ela foi alçada aos céus em corpo e alma quando o curso de sua vida chegou ao fim (PIO XII. *Munificentissimus Deus*, 01/11/1950).

Entretanto, a imagem de Pio XII como o ponto de virada para uma fase histórica, à qual pertencem todos os sucessores, persiste. Papa Pacelli teria encontrado o lugar da Santa Sé no século XX. Eis um mito que reluta em perder força. O próprio Vaticano o encoraja com os constantes anúncios de retomada do plano de canonização de seu controverso líder. Desde que a iniciativa foi empreendida por Paulo VI, em 1965, o tema nunca saiu de pauta. Bento XVI proclamou Pio "venerável" e Francisco informou à imprensa sua intenção de, finalmente, declará-lo santo (*Catholic News Agency*, 31/07/2013). A santidade do papa seria um símbolo de que, sob seu pontificado, a Igreja Romana converteu-se para um novo tempo.

A força do discurso católico oficial talvez seja a explicação para o fato de muitos autores encararem o longo pontificado de Pio como a travessia da cordilheira histórica que separava a velha religião e o novo catolicismo. João Batista Libânio viu a morte de Pacelli como um corte no tempo, uma ruptura fundamental: "no campo da política, Pio XII abriu o diálogo com a Modernidade" (LIBÂNIO, 2005, p. 44). "Não deve haver dúvidas de que o pontificado de Eugenio Pacelli deixou uma marca indelével sobre o papado e influenciou a Igreja Católica a se encontrar com o mundo moderno de um modo que nós mal começamos entender", assim Robert Ventresca inicia sua recente biografia (VENTRESCA, 2013, p. 6). Francis Burke-Young foi ainda mais longe: "Pio XII foi o primeiro papa desde o tempo de Inocêncio XI (1676-1689) cuja posição nos assuntos mundiais foi reconhecida como de considerável importância" (BURKE-YOUNG, 2000, p. 155).

Em virtude das políticas reformadoras no interior da Igreja e de um interesse nato pelo mundo da ciência, da tecnologia e da inovação, muitos consideram Pio XII o primeiro papa moderno. Por outro lado, a orientação centralizadora e a rigidez na articulação entre as práticas sociais e a tradição levam diversos autores a criticá-lo como um conservador, o último herdeiro de um velho modelo de liderança eclesiástica. Como afirmou Frank Coppa, "este debate persiste e até o momento não há um claro consenso sobre seu reformismo ou seu tradicionalismo" (COPPA, 2013, p. 221).

"Papa de Hitler." "Primeiro pontífice moderno." Condenada ou louvada, a figura de Pio XII surge com um pesado fardo histórico sobre os ombros. Opostas, as duas versões se completam. Elas se fortalecem em um interminável jogo de vilão e herói. Nos dois casos, o desfecho é o mesmo. As constantes referências ao Papa Pacelli reforçam o mito que o narra como fundador da política exercida pelo papado no século XX. Enquanto esta reputação de "pai do papado moderno" perdurar, a fórmula do "silêncio" eclesiástico como o pior crime político da Igreja seguirá atual. Ela continuará funcionando como um contragolpe eficaz, capaz de arrebatar leitores mundo afora. O argumento cala fundo: se a origem do Vaticano que conhecemos é criminosa, tudo o que dela decorre traz a marca da corrupção. Os erros que uma instituição supostamente traz desde o berço a acompanharão sempre. Mas caberia perguntar: será mesmo uma origem?

Epílogo

> *Quando ouvimos pela primeira vez falar de mitos políticos achamo-los tão absurdos e incongruentes, tão fantásticos e idiotas, que dificilmente os tomaríamos a sério. Mas agora todos nós reconhecemos que cometíamos um erro. Não devemos repeti-lo. Devemos estudar cuidadosamente a origem, a estrutura, os métodos e a técnica dos mitos políticos.*
> Ernest Cassirer, 1946.

O papa estava abismado, mas determinado. Ele não tinha dúvidas. Era o momento de fazer algo. Caso contrário, a salvação dos católicos seria caçada pelos propagadores de opiniões errôneas e abatida por golpes de novidades degeneradas. Como novos cavaleiros do apocalipse, os hereges galopavam mundo afora. Suas montarias eram odiosas inovações trazidas pela Modernidade, tais como o ateísmo, a laicidade, o progresso material. Cada vez mais audaciosos, eles esporeavam com toda força, saindo em disparada para perseguir a saúde das almas. Sozinha na floresta do tempo, a doutrina católica tentava se proteger, esquivando-se das flechadas do erro e da depravação. Convictos, como se estivessem em pé no estribo, os hereges miravam aquelas setas letais e, então, puxavam e soltavam desesperadamente a corda de arcos formados por modismos e seduções profanas. A religião estava prestes a ser encurralada.

Os abutres do racionalismo e do socialismo já rondavam os céus, como se farejassem a decadência da fé.

Mas, no que dependesse de Pio IX, a caçada não seria bem-sucedida. Em dezembro de 1864 ele saiu em defesa da doutrina católica com a Encíclica *Quanta Cura*. Vestido com a pesada armadura da tradição, o papa contra-atacou. Ergueu o escudo contra o que julgava ser a loucura de sua época, a "liberdade de consciências e de cultos". Os devotos deviam abrir os olhos: quem ensinava que os cidadãos tinham o direito a manifestar publicamente suas ideias sem serem reprimidos por uma autoridade estava tentando arruinar a doutrina católica. Para denunciar as diversas máscaras usadas por essa liberdade de perdição, o papa decidiu enviar aos quatro cantos do mundo uma lista enumerando as principais expressões daquele modo miserável de pensar. Ao todo, oitenta "opiniões depravadas" foram reunidas e censuradas. Entre elas estavam a ousadia de afirmar que a Bíblia poderia ser livremente estudada e o disparate de conceber o casamento como um contrato entre duas consciências. Despachado para toda Cristandade juntamente com a encíclica, o *Syllabus* – esse índice de opiniões heréticas – oficializava a oposição da Santa Sé ao mundo moderno.

Todavia, a *Quanta cura* não condenou princípios da Modernidade a esmo, de forma geral ou aleatória. Os erros apontados naquele texto reincidiam sobre uma mesma questão: a atuação governamental da Igreja Católica. Sua leitura sugere o seguinte raciocínio. Por trás dos diversos equívocos aludidos, Pio IX via o mesmo mal. Embora distintos em muitos pontos, o naturalismo, o racionalismo e o materialismo militavam por uma causa comum, eram agentes do mesmo plano: banir a religião da organização civil e repudiar a doutrina católica como alicerce da autoridade secular. Aquelas modernas teorias semeavam certezas arrepiantes, pois estavam a serviço de um único projeto: laicizar o convívio dos homens. Graças a elas, muitos acreditavam que "a Igreja não tem poder para aplicar a força", que "a sociedade civil pode se imiscuir em coisas referentes à religião", que "todo regime de escola pública deve ser atribuição da autoridade civil".

Aos olhos de Pio IX, tudo isto não passava de mentiras sórdidas, truques de satã. Afinal, era assim que o pai das trapaças enganava as mentes fracas, tornando-as reféns de uma proposta completamente absurda: acreditar que a Santa Sé não mais possuía lugar no controle da esfera pública. As falácias listadas no *Syllabus* possuíam isto em comum: eram tentativas de retirar competências seculares das mãos da Igreja e "destruir a reta ordem da sociedade" (PIO IX. *Quanta cura*, 08/12/1864). Aí estava a maior e mais grave novidade herética da Modernidade: recusar ao Vaticano a prerrogativa ancestral de exercer o governo civil.

Entretanto, em questão de meses, uma história começou a circular entre as nações ocidentais, oferecendo outra perspectiva sobre o rebaixamento político da autoridade papal. Em 1866, o escritor grego Emmanuel Roídis (1836-1904) remexeu nos empoeirados baús de uma lenda. Dono de uma erudição invejável para um homem que mal chegara aos 30 anos de idade, Roídis decidiu perturbar o sono da Papisa Joana. Era preciso acordar aquela heroína medieval quase esquecida e narrar novamente sua suposta existência. Eis o modo como ele a trouxe de volta à memória.

Há séculos, no coração da Idade Média, uma mulher brilhante se apaixonou por um monge. Arrebatada pelo sentimento, ela vestiu um hábito monástico. Joana esperava que o disfarce de homem da Igreja lhe permitisse seguir o amado e viver aquele relacionamento clandestino. Dotada de um intelecto indomável, arredio às superstições da época, ela logo sentiu a rotina do mosteiro como algo insuportável, uma atmosfera asfixiante que a impedia de sentir a vida. Não só porque lá seu amor estava condenado a se alimentar das migalhas de tempo deixadas pela entrega dos monges à disciplina e à contemplação, mas também por ser um ambiente intoxicado de subordinação e opressão, que a fazia definhar por dentro. Um dia, após persuadir seu companheiro a fugir, ela deixou as terras gélidas da Germânia e tomou o rumo do sul, viajando para a ensolarada Atenas. Perambulando entre ruínas da glória mediterrânica, ela aprendeu os sofisticados saberes dos gregos antigos. Oito anos se passaram. E, então, a cidade de Sócrates já não tinha mais o que lhe oferecer. Encantada pela ambição de desembarcar com seus saberes em um teatro maior, onde seus talentos incomuns pudessem ser reconhecidos e admirados, Joana abandonou o amado e zarpou para Roma – a senhora do globo, a mais excelsa das cidades, o lugar que transformava reis em imperadores.

Bastou pouco tempo na cidade dos papas para ela se destacar nas artes da medicina e da retórica. Ainda travestida como um modesto servo de Deus, Joana conquistou grande reputação. A fama atraiu a atenção dos homens da Cúria. Intrigados, eles cochichavam entre si: talvez aquele monge peculiar, de fala germânica e intelecto grego, pudesse aplacar as dores do envelhecido Papa Leão IV (805-855), torturado dia após dia pelo reumatismo. Em pouco tempo, o talento curativo do estrangeiro reluziu. Após anos de um sofrimento atroz, Leão se restabeleceu e reencontrou dias de alívio e conforto. Embora não tenha atrasado a caminhada do ilustre enfermo para a morte, Joana deixou uma viva impressão nas mentes do alto clero romano. Entre os corredores e as salas de audiência, todos comentavam sobre a devoção, a simplicidade e a sabedoria do monge recém-chegado, que não trazia consigo familiares ambiciosos ou um passado de escândalos. Quando a eleição papal foi realizada na praça – pois não existia o conclave –, a reputação logo se converteu em clamor popular. "Padre João" foi escolhido o novo sucessor de Pedro. A Igreja Romana passou a ser dirigida por uma mulher.

O governo da Papisa Joana teria durado menos de 3 anos. Durante uma procissão, no trajeto entre as basílicas de São Pedro e São João de Latrão, ela teria sido acometida por súbitas dores abdominais. Retorcendo-se e guinchando, ela teria caído do trono. Tão logo correram para acudir o bispo de Roma estatelado e pálido, os capelães perceberam que um sangramento tingia as vestes sacerdotais, na altura do quadril. Horrorizado, o rebanho de fiéis começou a se aglomerar, acotovelando-se entre o espanto e a curiosidade. Em meio ao alvoroço, alguém bradou que o papa fora envenenado. Outro jurou ter visto um escorpião picá-lo numa perna. No fundo da algazarra, corria a notícia de que o pastor estava possuído pelo diabo e que o bispo de Óstia já se punha a exorcizá-lo. Porém, ao invés de um espírito maligno, o corpo papal expeliu um frágil bebê, que veio ao mundo engasgado com o toque da morte. Então uma voz zuniu sobre a multidão: "o pontífice é mulher e acabou de dar à luz"! De repente, o rebanho foi tomado por uma histeria brutal.

Os romanos se enraiveceram como feras, revoltados pela descoberta de que haviam reverenciado um embusteiro. Pior! Seu pai e guia espiritual era, na realidade, uma filha de Eva, uma sacrílega que encenara bênçãos vazias e sacramentos ocos. Salivando fúria, eles avançaram sobre a moribunda, com gritos, socos e pontapés. Com muito custo, Joana e seu filho foram resgatados do tumulto. Mas, esgotados, esvaídos em sangue, ambos faleceram. Salvos do linchamento popular, foram sepultados juntos, sob um monumento de mármore (ROÍDIS, 2007).

Roídis não relatou o fim trágico da papisa como um destino traçado pela natureza da protagonista. De fato, na narrativa grega, o coração feminino é a fonte das fraquezas de Joana. Por causa dele, a ambição e a vaidade habitavam sob sua pele e ela sempre sucumbia aos prazeres carnais. Tal natureza a deixava indefesa perante o apelo ao sexo e isso cobrou um preço: a gravidez. Para qualquer mulher, esse era um pagamento comum. Não para ela, que se passava pelo Vigário de Cristo. Entretanto, não se trata apenas disso. Brilhante e vivida, a heroína de Roídis foi igualmente uma vítima da monstruosa política papal. Sentar-se no trono de Pedro significou pelejar dia e noite com obrigações penosas, infindáveis. Ela vivia desassossegada por "secretários, bajuladores, cortesãos e outros suplicantes insaciáveis que pululam ao redor dos tronos" (ROÍDIS, 2007, p. 207). A Igreja já havia se transformado numa monarquia suntuosa e maçante, que, como tal, atraía toda espécie de sanguessugas e parasitas políticos. Joana fora trazida para Roma por uma expectativa que não cabia em si. Ela idealizara a capital da Cristandade como um lugar extraordinário, onde poderia exibir e praticar suas habilidades inigualáveis. Mas ela encontrou uma corte lúgubre, presa ao giro sem fim de tarefas mundanas e medíocres. Como um moinho rabugento, movido por uma interminável correnteza de súditos e causas jurídicas, o ofício de papa terminaria por moer as virtudes e a inteligência da papisa.

O poder político dos papas é um dos maiores adversários da consciência individual. Inscrita por Emmanuel Roídis em frases ligeiras, essa mensagem é uma lição presente em seu livro. Uma conclusão cabal, que se alastrou pela segunda metade do século XIX como fagulha em palheiro seco. Em 10 anos, o livro do jornalista grego ganhou traduções para o alemão, o francês e o italiano. Desde então, o interesse pela papisa se renovou ano a ano, multiplicando o acervo de publicações, verbetes e fascículos dedicados a ela. Tratava-se de um mito. Um relato que extrapolava as evidências históricas conhecidas. Isso, todavia, não diminuiu o interesse intelectual provocado pela heroína de Roídis. Afinal, ela ilustrava uma verdade defendida por muitos: enquanto o Vaticano governasse a sociedade civil, a busca pela realização individual encontraria um destino trágico. O relato poderia ser apenas obra da mente de um escritor habilidoso, mas a lição proporcionada por ele fazia sentido real: Pio IX estava errado. As denúncias disparadas por ele contra o pensamento moderno eram infundadas. Ele, um pastor espiritual entronizado como um chefe de Estado que não presta contas a ninguém a não ser a Deus, era o verdadeiro mal. Era preciso desafiar e diminuir os poderes do papado. Os povos encontrariam a prosperidade quando recebessem de volta as prerrogativas que os papas tinham usurpado há muito tempo, na longínqua Idade Média.

Pio *versus* Joana. Ambos expressavam algo real: as posições assumidas por grupos diferentes perante algo novo e desafiador, a iminente extinção dos estados papais e a perda do governo civil pelo bispo de Roma. Ele podia ser visto a olho nu; ela somente através das lentes da imaginação. Contudo, ambos emprestavam vida às verdades em que acreditavam os defensores e os acusadores do poder pontifício. Eis um vislumbre do que estava por vir. Na passagem para o século XX, os mitos seriam armas, sacadas pelos grupos envolvidos no combate travado para redefinir que lugar político cabia ao papado no mundo moderno.

Referências*

Acta Apostolicae Sedis – Commentarium officiale. Roma: Typis Vaticanis, 1909-1958.

ALLEN, J. *The Catholic Church*: What Everyone Needs to Know. Oxford: Oxford University Press, 2014.

ANTONELLI, L. *Memorie storiche delle sacre teste dei santi apostoli, Pietro e Paolo*. Roma: Giovanni Ferretti, 1852.

APOLLONJ-GHETTI, B.M.; FERRUA, A.; JOSI, E. & KIRSCHBAUM, E. *Esplorazioni sotto la confessione di San Pietro in Vaticano, eseguite negli anni 1940-1949*. Cidade do Vaticano: Poliglotta, 1951.

ARENDT, H. *Entre o passado e o futuro*. São Paulo: Perspectiva, 2009.

AUSTIN, G. *Shaping Church Law around the Year 1000*: the Decretum of Burchard of Worms. Burlington: Ashgate, 2009.

BARASCH-RUBINSTEIN, B. *The Devil, the Saints, and the Church*: Reading Hochhuth's The Deputy. Nova York: P. Lang, 2004.

BARNES, T.D. "Statistics and the Conversion of the Roman Aristocracy". *The Journal of Roman Studies*, vol. 85, 1995, p. 135-147.

BARTLETT, K. *The Civilization of the Italian Renaissance*: a sourcebook. Toronto: Toronto University Press, 2011.

---

* Diversas bulas, cartas apostólicas, discursos, radiomensagens e outros registros papais foram consultados em http://www.vatican.va/

BLESSMANN, J. *O Holocausto, Pio XII e os aliados*. Porto Alegre: EDIPUCRS, 2003.

BLET, P. *Pío XII y la Segunda Guerra Mundial*. Madri: Cristianita, 2004.

BLET, P.; MARTINI, A.; SCHNEIDER, B. & GRAHAM, R. *Actes et documents du Saint Siège relatifs à la Seconde Guerre Mondiale*. Roma: Vaticana, 1965.

BOSSUET, J.-B. *Politique tirée des propres paroles de l'Ecriture Sainte*. Paris: [s.e.], 1714.

BROWN, P. *A ascensão do cristianismo no Ocidente*. Lisboa: Presença, 1999.

BURCHARD, J. *Diarium sive rerum urbanarum commentarii*. 3 vols. Paris: Ernest Leroux, 1885 [org. de. L. Thuasne].

BURKE-YOUNG, F. *Papal Elections in the Age of Transition, 1878-1922*. Lanham: Lexington Books, 2000.

BUTTOM, J. & DALIN, D. (org.). *The Pius War*: response to critics of Pius XII. Lanham: Lexington Books, 2004.

CÂNDIDA, H.S. "III libri adversus simoniacos". *Monumenta Germaniae Historica*: Libelli de lite imperatorum et pontificum (Ldl). Hannover: Weidmann, 1891.

CAROCCI, S. *El nepotismo en la Edad Media*. València: Universitat de València, 2006.

CHADWICK, O. *Catholicism and History*: the opening of the Vatican archives. Cambridge: Cambridge University Press, 1978.

CHAMBERLIN, E.R. *The Bad Popes*. Nova York: Barnes & Noble, 1993.

COLLINS, R. *Keepers of the Keys of Heaven*: a history of the Papacy. Nova York: Basic Books, 2009.

CONCILIUM LATERANENSE. *Monumenta Germaniae Historica*: Constitutiones et acta publica imperatorum et regum. Hanover: Weidmann, 1893.

CONTI, S. *Le Storie de suoi tempi dal 1475 al 1510*. 2 vols. Roma: G. Barbera, 1883 [org. de G. Racioppi].

"Contra galileos". In: WRIGHT, W.C. (org.). *The Works of the Emperor Julian*. 3 vols. Nova York: The Macmillan, 1923.

COPPA, F. *The Life and Pontificate of Pope Pius XII*. Washington: The Catholic University of America Press, 2013.

CORNWELL, J. *O papa de Hitler* – A história secreta de Pio XII. Rio de Janeiro: Imago, 2000.

COWDREY, H.E.J. *Pope Gregory VII (1073-1085)*. Oxford: Oxford University Press, 1998.

CRAUGHWELL, T. *St. Peter's bones*: how the relics of the first Pope were lost and found… and then lost and found again. Nova York: Image, 2014.

DALIN, D. *The myth of Hitler's Pope*: pope Pius XII and his secret war against Nazi Germany. Washington: Regnery, 2005.

DEMACOPOULOS, G.E. *The Invention of Peter*: Apostolic Discourse and Papal Authority in Late Antiquity. Filadélfia: University of Pennsylvania Press, 2013.

DE MATTEI, R. *Pio IX*. Porto: Minho, 2000.

DENZINGER, H. (org.). *Enchiridion Symbolorum*. Bolonha: Dehoniane, 1995.

DODDS, E.R. *The Greeks and the irrational*. Londres: University of California Press, 1951.

DUBY, G. *As três ordens ou o imaginário do feudalismo*. Lisboa: Estampa, 1994.

DUFFY, E. *Santos e pecadores* – História dos papas. São Paulo: Cosac & Naify, 2000.

EADMER. "Historia Novorum in Anglia". In: RULE, M. (org.). *Eadmeri Historia novorum in Anglia et opuscula duo De vita sancti Anselmi et quibusdam miraculis ejus*. Londres: Longman/Trübner/Paternoster Row, 1884.

ENGELS, F. "Bruno Bauer e o início do cristianismo". *Sozialdemokrat*, 04-11/05/1882 [Disponível em: http://www.marxists.org/portugues/marx/1882/05/11.htm – Acesso em 05/01/2014].

EVANS, R. *O Terceiro Reich em Guerra* – Como os nazistas conduziram a Alemanha da conquista ao desastre (1939-1945). São Paulo: Planeta, 2012.

_____. *A chegada do Terceiro Reich*. São Paulo: Planeta, 2010.

FALVIGNY, H. "Chronicon". *Monumenta Germaniae Historica*: Scriptores in folio. Hannover: Weidmann, 1846.

FATUM, L. "Chris domesticated: the household theology of the Pastorals as political strategy". In: ADNA, J. (org.). *The Formation of the Early Church*. Tübingen: Mohr Siebeck, 2005, p. 175-207.

FLICHE, A. *La Réforme Grégorienne* – Grégoire VII. Lovaina: Spicilegium Sacrum Lovaniense, 1926.

_____. *La Réforme Grégorienne* – La formation des idées grégoriennes. Lovaina: Spicilegium Sacrum Lovaniense, 1924.

FLOOD, C. *Political Myth*. Londres: Routledge, 2002.

GALLEGO, J.M.L. *Historia de los papas* – Entre el reino de Dios y las pasiones terrenales. Madri: Esfera de los Libros, 2011.

GALLO, P. *Pius XII, the Holocaust and the Revisionists*: Essays. Jefferson: McFarland, 2006.

GIBBON, E. *The History of the Decline and Fall of the Roman Empire*. Vol. 3. Londres: John Murray, 1846.

GIRARDET, R. *Mitos e mitologias políticas*. São Paulo: Cia das Letras, 1987.

GOLDHAGEN, D.J. *A Moral Reckoning*: the role of the Church in the Holocaust and its unfulfilled duty of repair. Nova York: Vintage Books, 2007.

GREGÓRIO VII. "Epistolae vagantes" (Epp. vag). In: COWDREY, H.E.J. (org.). *The Epistolae Vagantes of pope Gregory VII*. Oxford: The Clarendon Press, 2002.

_____. "Registrum" (Reg.). *Monumenta Germaniae Historica*: Epistolae selectee. Berlim: Weidmann, 1920.

GREGOROVIUS, F. *The Roman Journals*. Londres: George Bells & Sons, 1907 [org. de Friedrich Althaus].

_____. *Lucretia Borgia*. Nova York: Appleton, 1903.

_____. *History of the city of Rome in the Middle Ages*. Vol. 7. Londres: George Bell & Sons, 1900.

GUARDUCCI, M. *The tomb of St. Peter*. Londres: Harrap, 1960.

GUICCIARDINI, F. *Storia d'Italia*. 5 vols. Paris: Baudry, 1832 [org. de Carlo Botta].

GUILHERME II. "Memories". In: YBARRA, T.R. (org.). *The Kaiser's memoirs*: Wilhelm II, emperor of Germany 1888-1918. Nova York: Harper & Brothers, 1922.

HEALY, P. *The Chronicle of Hugh of Flavigny*: Reform and the Investiture Contest in the Late Eleventh Century. Aldershot: Ashgate, 2006.

HERMÆ PASTOR. "Aethiopica primum edidit et aethiopica latine". In: D'ABBADIE, A. (org.). *Hermae Pastor*: aethiopice primum edidit et aethiopica latine vertit. Leipzig: Brockhaus, 1860.

HERMAN, E. *Senhora do Vaticano* – A verdadeira história de Olimpia Maidalchini, a papisa secreta. Rio de Janeiro: Objetiva, 2012.

HIBBERT, C. *The Borgias*. Londres: Constable, 2009.

HOFMANN, P. *The Vatican's Women*: female influence at the Holy See. Nova York: St. Martin's Press, 2002.

HOLMES, M.W. *The Apostolic Fathers*: Greek texts and English translations. Grand Rapids: Baker Academic, 2007, p. 33-39.

INFESSURA, S. *Diario della Città di Roma*. Roma: Forzani/C. Tipografi del Senato, 1890 [org. de Oreste Tommasini].

IOGNA-PRATT, D. *Order and exclusion* – Cluny and Christendom face heresy, Judaism, and Islam (1000-1150). Ithaca: Cornell University Press, 2002.

JENKINS, P. *Guerras santas* – Como 4 patriarcas, 3 rainhas e 2 imperadores decidiram em que os cristãos acreditariam pelos próximos 1.500 anos. Rio de Janeiro: LeYa, 2013.

JOHNSON, P. *História do cristianismo*. Rio de Janeiro: Imago, 2001.

JONES, A.H.M. *Constantine and the conversion of Europe*. Toronto: Medieval Academy of America Press, 2003.

JUDERIAS Y LOYOT, J. *La Leyenda Negra y la verdade histórica*. Madri: Rev. de Arch. Bibl. y Museos, 1914.

KAUTSKY, K. A origem do cristianismo. Rio de Janeiro: Civilização Brasileira, 2010 [ed. orig. alemã, 1908].

KEELER, H. & GRIMBLY, S. *101 coisas que todos deveriam saber sobre o catolicismo*: crenças, práticas, costumes e tradições. São Paulo: Pensamento, 2007.

KENT, P. *The lonely Cold War of Pope Pius XII*. Quebec: McGill-Queen's University Press, 2002.

KERTZER, D. *Prisoner of the Vatican*: the Popes, the Kings, and Garibaldi's Rebels in the Struggle to Rule Modern Italy. Nova York: Houghton Mifflin, 2006.

KIRSCHBAUM, E. *The tombs of St. Peter and St. Paul*. Nova York: St. Martin's Press, 1957.

KOCH, C. *A Popular History of the Catholic Church*. Winona: Saint Mary's Press, 1997.

KRUPP, G. (org.). *Pope Pius XII and World War II: the Documented Truth* – A compilation of international evidence revealing the wartime acts of the Vatican. Nova York: Pave the Way Foundation, 2013.

LABOA GALLEGO, J.M. *Historia de los papas*: entre el reino de Dios y las pasiones terrenales. Madri: La Esfera de los Libros, 2011.

"Lateranense III". In: DOMINICUS, J. (org.). *Sacrorum Conciliorum Nova et Amplissima Collectio*. Graz: Akademische Druck, 1961.

"Lateranense IV". In: GARCÍA Y GARCÍA, A. *Constitutiones Concilii quarti Lateranensis una cum commentaris glossatorum*. Cidade do Vaticano: Biblioteca Apostolica Vaticana, 1981.

LAURIE, G. *Introducing Early Christianity* – A Topical Survey of Its Life, Beliefs, and Practices. Downers Grove: Inter Varsity Press, 2004.

LEVILLAIN, P. *Dictionnaire Historique de la Papauté*. Paris: Fayard, 2003.

LÉVY-BRUHL, L. *A mentalidade primitiva*. São Paulo: Paulus, 2008.

LEWIS, B.R. *A história secreta dos papas*: vícios, assassinato e corrupção no Vaticano. São Paulo: Europa, 2010.

LEYSER, K. *Communications and power in Medieval Europe*. Londres: Hamblendon Press, 1994.

LIBÂNIO, J.B. *Concílio Vaticano II*: em busca de uma primeira compreensão. São Paulo: Loyola, 2005.

"Libros quinque adversus haereses". In: HARVEY, W. (org.). *Sancti Irenaei Episcopi Lugdunensis Libros Quinque Adversus Haereses*. Cambridge: Typis Academicis, 1857.

LIPSIUS, R. (org.). *Acta Apostolorum Apocrypha*. Leipzig: Hermanum Mendelssohn, 1891.

MANSI, J.D. (org.). *Sacrorum Conciliorum Nova et Amplissima Collectio*. Graz: Akademische Druck, 1961.

MARCHIONE, M. *Pope Pius XII*: architect for peace. Nova Jersey: Paulist, 2000.

MARTINA, G. *História da Igreja, de Lutero a nossos dias* – A era contemporânea. São Paulo: Loyola, 1997.

MARTINS, J.V.P. *A* Utopia I *de Thomas More e o humanismo utópico, 1485-1998* – Catálogo de uma síntese biblio-iconográfica. Lisboa: Biblioteca Nacional Portugal, 1998.

MAYER, A.J. *A força da tradição* – A persistência do Antigo Regime. São Paulo: Cia das Letras, 1987.

McLAUGHLIN, M. *Sex, Gender and Episcopal Authority in an Age of Reform, 1100-1122.* Cambridge, Cambridge University Press, 2010.

MEYER, G.J. *The Borgias*: a hidden history. Nova York: Bantam Books, 2013.

MIGNE, J.-P. (org.). *Patrologiae Cursus Completus* – Series Graeca. Paris: [s.e.], 1858-1866.

MORE, T. *Utopia* – Latin text & English translation. Cambridge: Cambridge University Press, 1975 [org. de George M. Logan, Robert M. Adams e Clarence H. Miller].

MORRIS, C. *The Papal Monarchy*: the western church from 1050 to 1250. Oxford: Clarendon, 2001.

MÜNZ, S. "Ferdinand Gregorovius". English Historical Review, n. 28, 1892, p. 697-704.

NORWICH, J.J. *Absolute Monarchs* – A history of the Papacy. Nova York: Random House, 2011.

O'GARA, M. *Triumph in defeat*: infallibility, Vatican I, and the French minority bishops. Washington: Catholic University of America Press, 1988.

ORTÍ, V.C. *Historia de la Iglesia* – La Iglesia em la época contemporánea. Madri: Palabra, 2003.

PACEPA, I.M. "Moscow's assault on the Vatican". *National Review Online*, 25/01/2007 [Disponível em http://www.nationalreview.com/articles/219739/moscows-assault-vatican/ion-mihai-pacepa].

PASSELECQ, G. & SUCHECKY, B. L'Encyclique cachée de Pie XI – Une occasion manquée de l'Eglise face à L'antisémitisme. Paris: La Decouverte, 1995.

PASTOR, L. *The History of the Popes from the close of the Middle Ages* – Drawn from the secret archives of the Vatican and other original sources. Londres: Kengan, Trench & Trübner, 1906.

PAYNE, S. *A History of Spain and Portugal*. Vol. 1. Madison: University of Wisconsin Press, 1973.

PELCZAR, G.S. *Pio IX e il suo pontificato sullo sfundo dele vicende della Chiesa del secolo XIX*. Vol. 2. Turim: G.B. Berruti, 1910.

PELLEGRINI, M. "A turning-point in the history of the factional system in the Sacred College: the power of the pope and cardinals in the age of Alexander VI". In: SIGNOROTTO, G. & VISCEGLIA, M.A. (orgs.). *Court and politics in papal Rome*: 1492-1700. Cambridge: Cambridge University Press, 2002.

PERKINS, J. *Roman Imperial Identities in the Early Christian Era.* Nova York: Routledge, 2009.

PETERS, E. *Inquisition.* Los Angeles: University of California Press, 1989.

PHAYER, M. *The Catholic Church and the Holocaust (1930-1965).* Bloomington: Indiana University Press, 2001.

RABINBACH, A. & GILMAN, S. *The Third Reich Sourcebook.* Berkeley: University of Los Angeles Press, 2013.

RAPP, C. *Holy Bishops in Late Antiquity*: the nature of Christian leadership in an age of transition. Berkeley: University of California Press, 2005.

RAPPAPORT, H. *Os últimos dias dos Romanov.* Rio de Janeiro: Record, 2010.

RAY, S.K. *Upon this rock.* – St. Peter and the primacy of Rome in Scripture and the Early Church. São Francisco: Ignatius, 1999.

REINHARDT, V. *Alexandre VI Bórgia*: o papa sinistro. São Paulo: Europa, 2013.

ROBINSON, I.S. "Reform and the Church, 1073-1112". In: McKITTERICK, R. (org.). *The New Cambridge Medieval History (1024-1198).* Cambridge: Cambridge University Press, 2004.

_____. *Henry IV of Germany (1056-1106).* Cambridge: Cambridge University Press, 1999.

ROÍDIS, E. *La Papisa Juana* – un estudio sobre la Edad Media. Sevilha: Universidad de Sevilla, 2007.

RUBÍN, S. & AMBROGETTI, F. *El Jesuita*: conversaciones com el cardenal Jorge Bergoglio. Barcelona: Vergara/Grupo Zeta, 2010.

RUST, L.D. *A reforma papal (1050-1150)*: trajetórias e críticas de uma história. Cuiabá: EdUFMT, 2013.

RYCHLAK, R. *Hitler, the war, and the pope*. Huntington: Our Sunday Visitor Publishing Division, 2000.

SABATINI, R. *The Life of Cesare Borgia*. Nova York: Brentano, 1912.

SÁNCHEZ, J. *Pius XII and the Holocaust*: understanding the controversy. Washington: The Catholic University of America Press, 2002.

SANUTO, M. *I diarii*. 58 vols. Veneza: Federico Visentini, 1930 [org. de Guglielmo Berchet, Nicolò Barozzi, Marco Allegri].

SCHIMMELPFENNIG, B. *The Papacy*. Nova York: Columbia University Press, 1992.

SESSA, K. *The formation of papal authority in Late Antique Italy*: roman bishops and the domestic sphere. Cambridge: Cambridge University Press, 2012.

TÁCITO. "Annalium Ab excessu divi Augusti". In: FURNEAUX, H. (org.). *Cornelli Taciti Annalium Ab excessu divi Augusti libri*. Oxford: The Clarendon Press, 1884.

TERTULIANO. "Apologeticus". In: WOODHAM, H.A. (org.). *Tertuliani Liber Apologeticus*. Cambridge: J. Deighton, 1850.

THOMAS, C.M. *The Acts of Peter, Gospel Literature, and the Ancient Novel*: Rewriting the past. Oxford: Oxford University Press, 2003.

THOMAS, G. *Os judeus do papa* – O plano secreto do Vaticano para salvar os judeus das mãos dos nazistas. São Paulo: Geração, 2013.

VENTRESCA, R. *Soldier of Christ*: The Life of Pope Pius XII. Londres: Harvard University Press, 2013.

VERBITSKY, H. *El silencio*: de Paulo VI a Bergoglio – Las relaciones secretas de la Iglesia con la Esma. Buenos Aires: Sudamericana, 2005.

VERNANT, J.-P. *Mito e política*. São Paulo: Edusp, 2002.

VEYNE, P. *Quando nosso mundo se tornou cristão (312-394)*. Rio de Janeiro: Civilização Brasileira, 2010.

_____. *Acreditaram os gregos em seus mitos?* Lisboa: Ed. 70, 1987.

VILLARI, P. *Niccolò Machiavelli e i suoi tempi*. 3 vols. Milão: Ulrico Hoelpi, 1912.

WEBER, M. *Sociologia das religiões*. Lisboa: Relógio D'Água, 2006 [1. ed., 1922].

CULTURAL

Administração
Antropologia
Biografias
Comunicação
Dinâmicas e Jogos
Ecologia e Meio Ambiente
Educação e Pedagogia
Filosofia
História
Letras e Literatura
Obras de referência
Política
Psicologia
Saúde e Nutrição
Serviço Social e Trabalho
Sociologia

CATEQUÉTICO PASTORAL

Catequese
Geral
Crisma
Primeira Eucaristia

Pastoral
Geral
Sacramental
Familiar
Social
Ensino Religioso Escolar

TEOLÓGICO ESPIRITUAL

Biografias
Devocionários
Espiritualidade e Mística
Espiritualidade Mariana
Franciscanismo
Autoconhecimento
Liturgia
Obras de referência
Sagrada Escritura e Livros Apócrifos

Teologia
Bíblica
Histórica
Prática
Sistemática

REVISTAS

Concilium
Estudos Bíblicos
Grande Sinal
REB (Revista Eclesiástica Brasileira)
SEDOC (Serviço de Documentação)

VOZES NOBILIS

Uma linha editorial especial, com importantes autores, alto valor agregado e qualidade superior.

VOZES DE BOLSO

Obras clássicas de Ciências Humanas em formato de bolso.

PRODUTOS SAZONAIS

Folhinha do Sagrado Coração de Jesus
Calendário de Mesa do Sagrado Coração de Jesus
Agenda do Sagrado Coração de Jesus
Almanaque Santo Antônio
Agendinha
Diário Vozes
Meditações para o dia a dia
Encontro diário com Deus
Dia a dia com Deus
Guia Litúrgico

CADASTRE-SE
www.vozes.com.br

EDITORA VOZES LTDA.
Rua Frei Luís, 100 – Centro – Cep 25689-900 – Petrópolis, RJ
Tel.: (24) 2233-9000 – Fax: (24) 2231-4676 – E-mail: vendas@vozes.com.br

UNIDADES NO BRASIL: Belo Horizonte, MG – Brasília, DF – Campinas, SP – Cuiabá, MT
Curitiba, PR – Florianópolis, SC – Fortaleza, CE – Goiânia, GO – Juiz de Fora, MG
Manaus, AM – Petrópolis, RJ – Porto Alegre, RS – Recife, PE – Rio de Janeiro, RJ
Salvador, BA – São Paulo, SP